神様が「寄り道」してくれる人は
みんな幸せ

驚くほど幸運が舞い込む

観月式 実践！霊活術

神霊かずたま占術家
観月明希

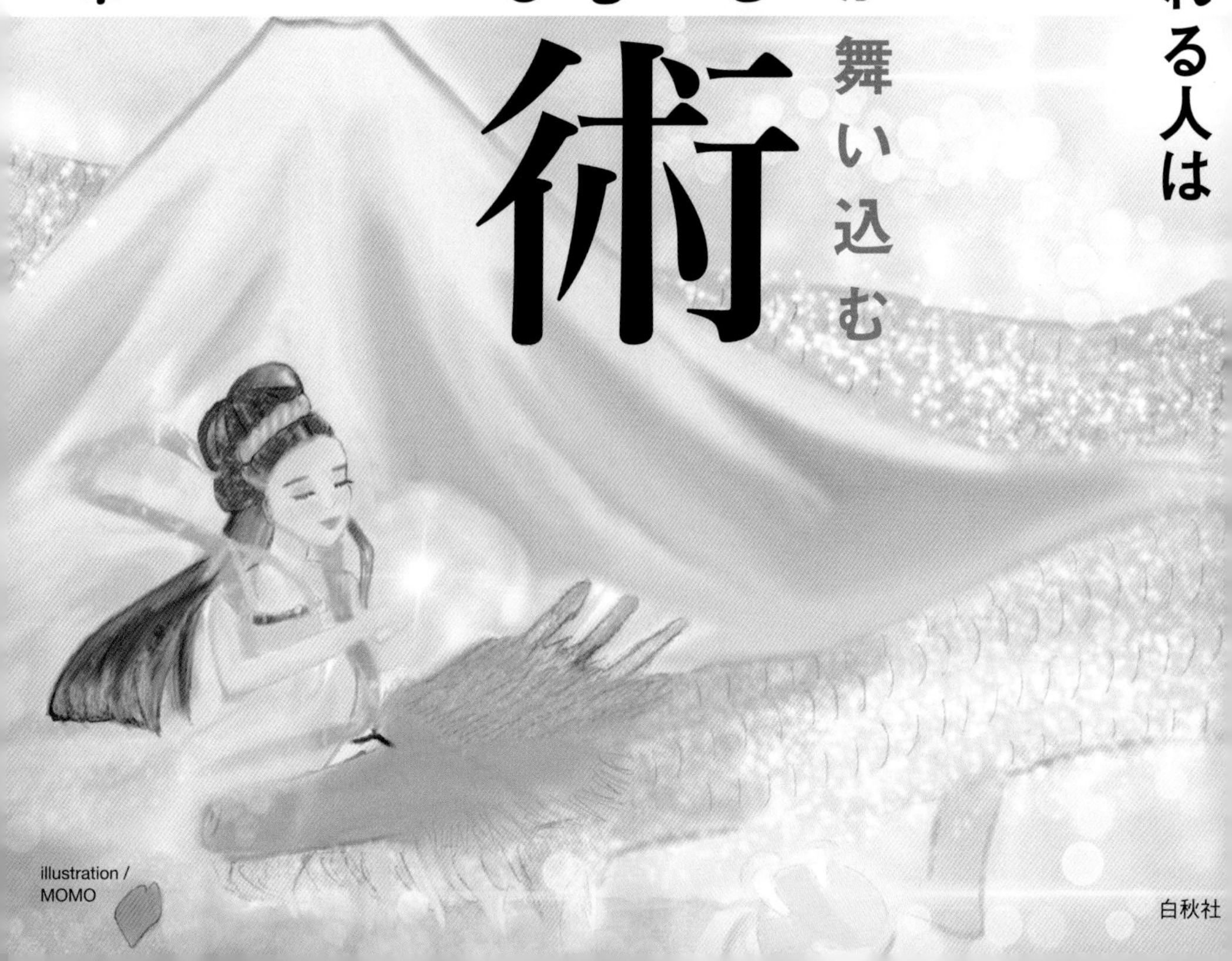

illustration / MOMO

白秋社

神様に〝寄り道〟していただくことで、その方の運気は高まります

新年の神様へのご挨拶では、多くの方が神様の祝福を受けます。（北口本宮冨士浅間神社で、森本人美氏撮影）

強い霊感のある方には、「神柱」という現象が現れることがあります。（著者撮影）

書家で神代（かみよ）文字の研究者として知られる安藤妍雪（あんどうけんせつ）先生（中央）に降臨した神柱は特に強く、それは先生ご自身の修行の成果の表れといえるのではないでしょうか。（安藤妍雪先生提供）

予知夢に導かれて訪ねた安曇野での霊的体験

（58ページ参照）

夢に出てきたお地蔵様を探し求めてたどり着いたところ、そのお地蔵様の頭は取れ、代わりに石が載せられていました。実は、そのお地蔵様は……。（小野和妙氏撮影）

新たに頭を作ってもらい、丁寧に設置。きっとこれからも見守っていただけることでしょう。（同）

浄霊の不思議と先祖供養の大切さ

降霊して浄化した霊魂の動きは、まるで解き放たれ喜んでいるようです。
(宮本等氏撮影)

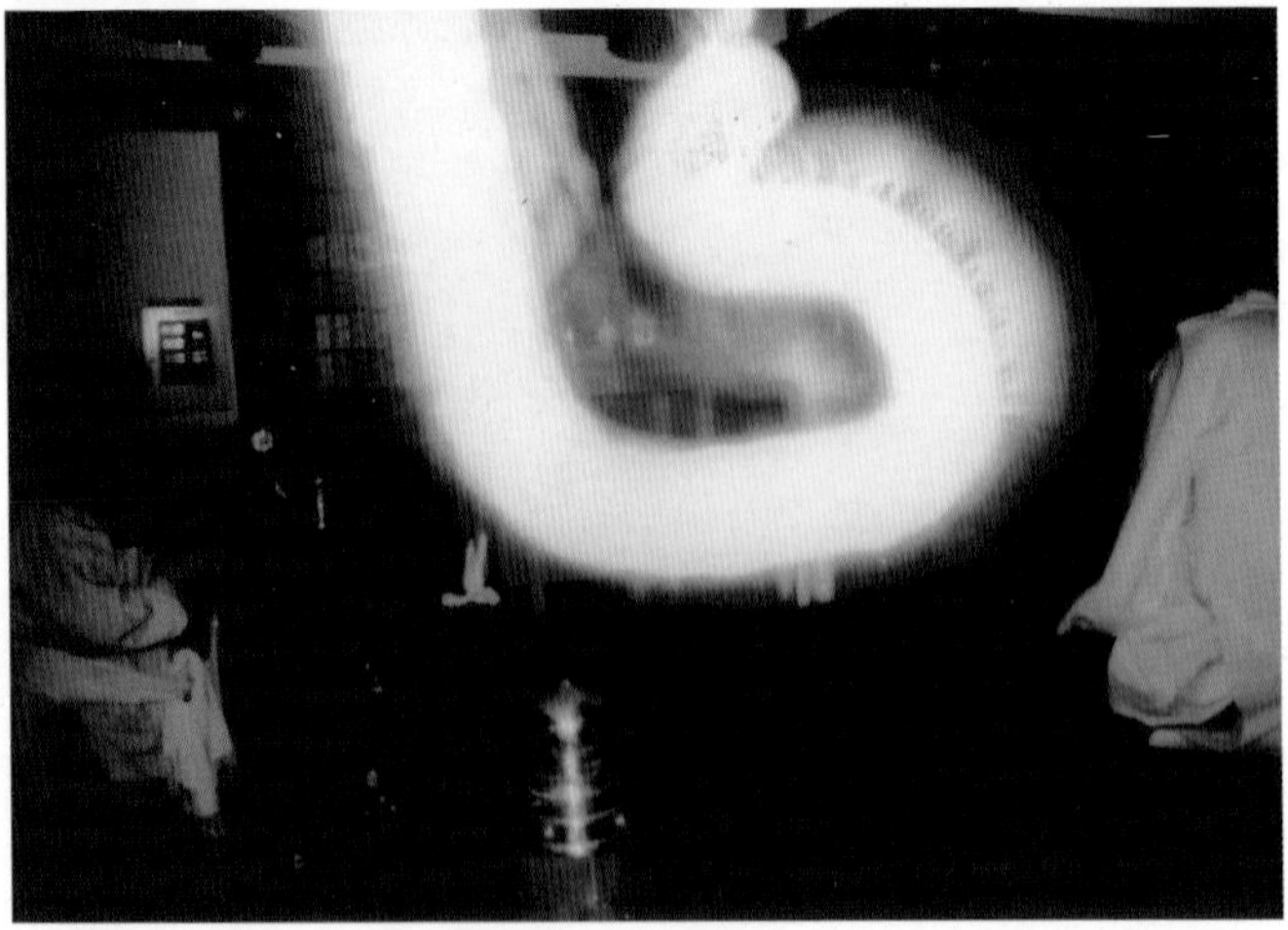

日頃からしっかりとご先祖様の供養をすると、龍神様（中央の光）が近づいてくださるのです。(富山県・藤津神社提供)

はじめに

世の中は禍《わざわい》に満ちています。世界を見渡せば、新型コロナウイルスの感染は収まらず、ロシアがウクライナに侵攻し、核攻撃の危険も増しています。国内では、少子高齢化が進み、庶民の生活は日々、苦しくなっています。社会の格差拡大も問題になっています。読者の皆様も、生活やお金、健康などの心配を抱え、人生と格闘しておられると思います。

そのような時、自らの内に秘めた力を見直すことが大切ではないでしょうか。秘めたる力の源が「霊」です。

今こそ、霊の力を高める「霊活」が必要です。自分の内なる霊的エネルギーを活性化させる努力が、幸せにつながります。

私は霊能者として、皆様の霊活の力になりたいと考えています。この本では、それをお伝えします。

霊能者というとおどろおどろしく、いかがわしく思われる人もおられるでしょうけれど、そうではありません。霊能者は一般的には次の三つに分類されるといわれています。
・生まれつき特別な能力を持った人
・信仰や病気などをきっかけに急に霊感が強くなった人
・修行により既に持っていた霊感が強くなるよう努力した人

私は、これらのタイプにかかわらず、迷っている魂を救ってあげられる人を「霊能者」と呼んでよいと考えています。単に霊感がある人や霊が見える人のことは「霊能者」とはいいません。

霊能者といっても全能ではありません。普通の人間なのです。欠点をたくさん持っている方もいます。それでも、霊能者には、必ず守らなければならない基本的なルールがあります。迷える霊を心から救おうとすること、なおかつ確実に救えるよう修行を積むことです。

「除霊」「浄霊」と称して五十万円とか百万円もの大金を取ったり、「あなたには亡霊がついている」などと脅かしたりするのは、まともな霊能者のすることではありません。霊的な仕事で高額なお金を取る者は二流、脅かしてカウンセリングする者は三流です。本当の霊能者とはどういう人なのか、まずしっかりと理解してください。

感じたままを口にするだけの人は、ただの「霊感者」です。霊を怒鳴ったりせずに、どんな霊であっても助ける精神が大切なのです。

予知したことが本当に起きた、言ったことがその通りになったと騒ぐ人もいます。しかし、本物の霊能者は、単に何かを当てるだけではダメなのです。

例えば、ある人の前世を見ることができるのは素晴らしいことですが、霊能者としては、それだけでは不足です。人には良い前世もあれば悪い前世もあります。現世に良い影響を与えてくれる前世を見せてあげて、その人がより良く生きられるように導けることが大切なのです。

日々の信仰の中でどのような神様と交信しているかも、本物の霊能者を見極めるうえで重要なポイントです。眷属神《けんぞくしん》※1様ばかり呼び出したり、交信したりするのは本物ではありません。眷属神様は強い力をお持ちですが、高い格の神様とのつながりがありません。眷属神様のお力ばかりをお借りしていると、身体に支障を及ぼすことになりかねません。

霊能者で、霊とばかりコンタクトをとっている人は、なぜか太っていること

※1　大きな神社の境内に祀られている龍神様、お狐様、巳様など。神様の手伝いをする。

が多いのです。逆に、神様とばかりコンタクトしている人はなぜか痩せていま す。お坊さんは太っている方が多く、神職はたいてい痩せているのは偶然では ないでしょう。神様との交信は、大変に体力のいる作業なのです。

私は五十歳から神霊・数霊《かずたま》鑑定や浄霊の仕事をするようになりました。そ れまで六十五キロあった体重が、今は四十五キロになりました。神様への思い が深くなるにつれ、自然に体重が落ちていったのです。

神様に私の不足をおうかがいしたことがあります。以前は「観月明希は形 にこだわりすぎる。深く感応しておらぬ」とお叱りを受けておりましたが、 今では「観月明希、自分を裏切らぬように」とただひと言、おっしゃいます。

読者の皆様は、これからいろいろな霊能者に会う機会があるかもしれませ ん。今述べたことを参考に、自分自身で霊能者が本物か偽者かを見極めてく ださい。一人の霊能者に入れ込みすぎることなく、何人かの霊能者の「いいと こどり」をするつもりで対峙することも重要です。

私自身も様々な霊能者の方々にお会いしてきました。皆、それぞれの能力 に応じて得意な分野で、世のため、人のためにお役に立てるよう日夜、鍛錬 をしておられます。それでも、誰もが全能ではないことは肝に銘じてください。

能力の差こそあれ、読者の皆様も霊能の持ち主であることを忘れてはいけません。本書を通じてご自身がどのような能力に秀でているのか、どのようにそれを深めてゆくことができるのかを知っていただければ幸いです。

「見えないものを見たい」「ずばり当てたい」といった興味本位の気持ちを捨て、分からないことが分かるようになるため日々学ぶ姿勢が大切です。見えたり感じたりする力がつきかけてきた時、むやみやたらに霊を上げたり、除霊をしたりすると、「魔」が入ることがあります。身体が霊障※2にやられてしまうので注意が必要です。「見ない、聞かない、助けない」が、霊能を学ぶ初心者の基本的な心得です。

霊感を使うのではなく、神《かん》をとる人になってほしいものです。

本書では、私がこれまで受けた先達の方々からの教えと、私の神霊能の世界での経験をもとに、日々の生活で容易に取り入れることができ、邪気が薄れ運気が上がる様々な方法を分かりやすくお伝えします。

霊的な仕事をしている方や霊的な感応をする方、神仏や不思議な世界につ

※2　霊がもたらす障害。

いて知りたいと思っている方は、本書に記した多くの経験談を参考にしていただければと思います。私の勉強会などで指導を受けてくれた人たちからは、素晴らしい霊能者が幾人も育っています。これこそ神様のおかげだと感じています。

本書が、読者の皆様の社会生活や健康問題の解決の端緒となれば、私としても、これ以上の喜びはありません。

さあ、神様に〝寄り道〟をしていただき、お力を借りて、心豊かな人生を送りましょう。

観月《みづき》　明希《あき》

著者が日々大切にしている自宅の神棚

【目次】

応用編

【目次】

基本編

第一章　神様とつながる参拝の作法

世界中の人が、光を放つものを求め、手を合わせ神に祈ります。

日本の神道にはまず、自然に対する畏敬の念があります。自然が神なのです。従って、神道は、仏教やキリスト教を信じる人、アラーの神を仰ぐ人をすべて受け入れ、差別をしません。

人は皆、神の子。神様に一番近い存在が人間なのです。古来の数字の読み方「ひふみよいむなやこと」※3は、最初が「ひ」、最後は「と」、すなわち「ひと」です。

神様に一番近い「ひと」が、さらに神に近づき、通じるために参拝が大切なのです。

【そもそも神社とは】

古来日本では、山や滝、樹木などの様々な自然物にも神が宿ると信じ、信仰の対象としてきました。

人々は、農耕や狩猟といったあらゆる場面で自然からの恩恵を受ける一方、自然災害という危機に直面することを繰り返しながら生活を営んできました。そうした生活の中で、自然界に神霊的なものを感じ取り、畏敬の念をもってお祀《まつ》りしてきたのです。

結果、日本全国に非常に多くの崇拝の対象が存在するようになりました。これを一般的に「八百万神《やおよろずのかみ》」と呼びます。

人々の間にあった先祖や自然物への信仰が、後に海外からもたらされた仏教や儒教の影響を受けながら変化し、体系化されてきたのが現在の神道です。

神社や祠《ほこら》は、神道における祭祀施設です。『宗教年鑑』令和二年版によれば、現在、日本には約八万もの神社があります。小さな祠を含めるとその総数は二十万を超えるといわれています。

まず、自分の住まいの近くにある神社にお参りし、どのような神様が祀られているか、由緒を知ることが大切です。神様は、古くからその地を守っている氏神様かもしれません。昔の天皇や歴史上の人物を神としてお祀りしているのかもしれません。

いずれにせよ、地域の歴史や文化を知るきっかけにもなります。できることなら定期的にお参りしましょう。

※3「数霊の力」を意味する。

【神社の種類は六つ】

ひと口に神社といっても、「神宮」「宮」「大神宮」「大社」「神社」「社」の六つの社号に大別されます。各々の系譜によってお参りの目的や作法が変わってきますので、確認しておきましょう。

①神宮

天皇や皇室とのゆかりが深く、多くが先祖神をお祀りしています。伊勢神宮が筆頭で、単に「神宮」という場合は伊勢神宮を指します。伊勢神宮は、「日本の総氏神様」ともいわれます。

②宮

神宮に次いで格式が高く、天皇や皇室の関係者や歴史的な人物を神格化して祀っています。このうち、「天満宮」は菅原道真《すがわらのみちざね》を祀り、「天神様」と呼ばれ学問の神として知られています。「八幡宮」には八幡神が祀られ、勝利や出世祈願のため多くの人が訪れます。

伊勢神宮内宮を流れる五十鈴川

③大神宮

伊勢神宮には、全国から篤い信仰が寄せられますが、昔はそう簡単には行くことができませんでした。そこで遥拝として大神宮が創建され、神宮から分霊した神様を祀っています。

④大社

もともとは出雲大社のみに認められた社号です。現在は、地域の規模の大きい神社にもつけられています。

⑤神社

地域の氏神様をお祀りしているのが一般的です。歴史上の人物を祀っている場合もあります。中でも最多の稲荷神社は、五穀豊穣・商売繁盛にご利益があるとされます。

⑥社

規模の小さい神社で、大きな神社から分霊してお祀りしていることが多く、また山や滝など自然物を祀っている場合もあります。ほとんどの場合、神職の常駐はありません。

【主な神社の系統と祭神】

皆様がよくご存じと思われる神社を社号ごとに、祭神などとともに紹介します。

【主な神社の系統と祭神】

社号	代表的神社	場所	お祀りしている神様	備考
神宮	伊勢神宮	三重県	天照大神（あまてらすおおみかみ・内宮）、豊受大神（とようけのおおかみ・下宮）	正式名称は「神宮」 百二十五社の総称 日本の総氏神 親神様に感謝する場所
	霧島神宮	鹿児島県	天津彦根火瓊瓊杵尊（あまつひこねほのににぎのみこと）	本殿は国宝
	伊弉諾神宮	兵庫県	伊弉諾尊（いざなぎのみこと）、伊弉冉尊（いざなみのみこと）	樹齢九百年の夫婦大楠があり、夫婦円満のご利益
	平安神宮	京都府	桓武天皇、孝明天皇	平安遷都千百年を記念して創建
	石上神宮	奈良県	布都御魂剣（ふつのみたまのつるぎ）	「いそのかみじんぐう」と読む。霊剣（三種の神器のひとつ）がご神体
	吉野神宮	奈良県	後醍醐天皇	明治天皇が創建
	氣比神宮	福井県	伊奢沙別命（いざさわけのみこと）	大鳥居が有名
	明治神宮	東京都	明治天皇	初詣でお馴染み
	熱田神宮	愛知県	天叢雲剣（あめのむらくものつるぎ・草薙剣とも）	霊剣（三種の神器のひとつ）がご神体。勝負の神様
	鹿島神宮	茨城県	建御雷神（たけみかづち）	東国三社
	宇佐神宮	大分県	八幡大神（はちまんおおかみ／応神天皇）、比売大神（ひめおおかみ）、神功皇后（じんぐうこうごう）	全国の八幡宮の総本宮。三大八幡宮の一宮。二拍手ではなく四拍手
	香取神宮	千葉県	経津主神（ふつぬしのかみ）	東国三社
宮	石清水八幡宮	京都府	誉田別命（ほんだわけのみこと／応神天皇）、比咩大神（ひめおおかみ）、神功皇后	「いわしみずはちまんぐう」と読む。三大八幡宮の一宮
	北野天満宮	京都府	菅原道真	いわゆる「天神様」。学問や受験合格祈願の神様として知られている。北野と太宰府が、全国にある天満宮の総本宮

社号	代表的神社	場所	お祀りしている神様	備考
宮	防府天満宮	山口県	菅原道真	日本で最初に創建された天神様
	太宰府天満宮	福岡県	菅原道真	学問や受験合格の神様
	湯島天満宮	東京都	菅原道真	学問や受験合格の神様
	金刀比羅宮	香川県	大物主神（おおものぬしのかみ）	「こんぴらさん」として親しまれている
	日光東照宮	栃木県	徳川家康	ユネスコ世界文化遺産に登録
	久能山東照宮	静岡県	徳川家康	社殿は国宝
	上野東照宮	東京都	徳川家康	上野公園内に鎮座
	筥崎宮	福岡県	応神天皇、神功皇后	「はこざきぐう」と読む。三大八幡宮の一宮
	富岡八幡宮	東京都	応神天皇	勧進相撲発祥の地
	鶴岡八幡宮	神奈川県	応神天皇、比売神、神功皇后	源頼朝ゆかりの神社
	大宮八幡宮	東京都	応神天皇、仲哀天皇（ちゅうあいてんのう）、神功皇后	子育て・安産にご利益
大神宮	東京大神宮	東京都	天照大神、豊受大神	東京のお伊勢さん
	伊野天照皇大神宮	福岡県	天照大神、手力雄神（たぢからおのかみ）、萬幡千々姫神（よろずはたちぢひめのみこと）	九州のお伊勢さん
	日向大神宮	京都府	天照大神（内宮）	京都のお伊勢さん
	伊勢原大神宮	神奈川県	天照大神、豊受大神	関東のお伊勢さん
	開成山大神宮	福島県	天照大神、豊受大神	東北のお伊勢さん
大社	出雲大社	島根県	大国主大神（おおくにぬしのおおかみ）	日本神話に登場。因幡の白兎で有名。本殿は国宝。二拍手ではなく四拍手 嫌なものを祓ってくれる神様

【主な神社の系統と祭神】

社号	代表的神社	場所	お祀りしている神様	備考
大社	伏見稲荷大社	京都府	稲荷大明神	全国にある稲荷神社の総本社。千本鳥居が有名。五穀豊穣と金運の神様
	春日大社	奈良県	武甕槌命（たけみかづちのみこと）、経津主命（ふつぬしのみこと／香取神）、天児屋命（あめのこやねのみこと）、比売神	全国にある春日神社の総本社。鹿が神のお使いとして有名
	住吉大社	大阪府	底筒男命（そこつつのおのみこと）、中筒男命（なかつつのおのみこと）、表筒男命（うわつつのおのみこと）、神功皇后	全国にある住吉神社の総本社。本殿は国宝。海の交通安全の神様
	宗像大社	福岡県	宗像三女神（むなかたさんじょしん）	海上と陸上の交通安全にご利益。全国にある宗像神社の総本社
	熊野本宮大社	和歌山県	家都美御子大神（けつみみこのおおかみ／熊野権現）	熊野三山の一社。全国にある熊野神社の総本社。ユネスコ世界遺産の構成資産のひとつ
	三嶋大社	静岡県	大山祇命（おおやまつみのみこと）、積羽八重事代主神（つみはやえことしろぬしのかみ）	源頼朝が源氏再興を祈願。全国にある三島神社の総本社
	諏訪大社	長野県	建御名方神（たけみなかたのかみ）、八坂刀売神（やさかとめのかみ）	全国にある諏訪神社の総本社。御柱大祭が有名
	富士山本宮浅間大社	静岡県	木花之佐久夜毘売命（このはなのさくやひめのみこと）	全国にある浅間神社の総本社。世界文化遺産に登録
神社	下鴨神社	京都府	賀茂建角身命（かもたけつぬみのみこと）、玉依媛命（たまよりひめのみこと）	女性の美麗祈願で有名
	八坂神社	京都府	素戔嗚尊（すさのおのみこと）、櫛稲田姫命（くしなだひめのみこと）、八柱御子神（やはしらのみこがみ）	祇園祭は祭礼。全国にある八坂神社の総本社
	貴船神社	京都府	高龗神（たかおかみのかみ）	水の神様として有名。全国にある貴船神社の総本社

社号	代表的神社	場所	お祀りしている神様	備考
神社	白山比咩神社	石川県	白山比咩大神（しらやまひめのおおかみ）	霊峰白山がご神体。「しらやまひめじんじゃ」と読む。全国にある白山神社の総本社。良縁を結び、悪縁を切ってくれる
	生田神社	兵庫県	稚日女尊（わかひるめのみこと）	幾度も復興を遂げた蘇りの神として有名
	嚴島神社	広島県	宗像三女神	海上の大鳥居が有名。ユネスコ世界文化遺産に登録
	大山祇神社	愛媛県	大山積神（おおやまづみのかみ）	「おおやまづみじんじゃ」と読む。全国にある三島神社と山祇神社の総本社
	寒川神社	神奈川県	寒川比古命（さむかわひこのみこと）、寒川比女命（さむかわひめのみこと）	八方除の守護神
	大國魂神社	東京都	大國魂大神（おおくにたまのおおかみ）	創建は百十一年と伝わる古社
	日枝神社	東京都	大山咋神（おおやまくいのかみ）	江戸城鎮守
	乃木神社	東京都	乃木希典（のぎまれすけ）	明治時代の帝国陸軍大将を祀る
	神田神社	東京都	大己貴命（だいこく様）、少彦名命（えびす様）、平将門命（まさかど様）	神田明神として親しまれている。百八町会の氏神様
	笠間稲荷神社	茨城県	宇迦之御魂神（うかのみたまのかみ）	日本三大稲荷の一社
	大宮氷川神社	埼玉県	須佐之男命（すさのおのみこと）、稲田姫命（いなだひめのみこと）、大己貴命	関東中心にある氷川神社の総本社
	鹽竈神社	宮城県	鹽土老翁神（しおつちのおじのかみ）	志波彦神社を含めて一つ。東北鎮護・陸奥国一之宮
	月山神社	山形県	月読命（つきよみのみこと）	標高千九百八十四メートルに鎮座。山岳信仰の場。健康を取り戻す時にお参りする

【神社のお参りの作法】

神社にお参りをすることは、あなたに神様が〝寄り道〟してくださるための第一歩と考えてよいでしょう。ですから参拝する時は、神様を敬い、真心を尽くしましょう。

参拝の作法を説明します。

①鳥居

初めて行く神社のお参りは、正面の鳥居から入るようにします。鳥居をくぐらずに駐車場からそのまま入るということはしてはなりません。

鳥居は「尊い天津《あまつ》神三神《さんしん》」の御印です。鳥居の手前、中央に立ち、「参拝に参りました」と一礼してから境内に足を踏み入れます。神社によっては、複数の鳥居がありますが、それぞれ一礼してくぐってください。

鳥居は、祀られている神様の世界との結界を意味します。他の神様は鳥居の中には入ることはできないのです。人間だけが、祀られている神様と他の神様をおつなぎできるのです。

②参道

参道を歩く時は、中央を避け左側を歩くようにします。神様に向かって左側が下手となるのです。だから古くからあるほとんどの神社の手水舎は左側にあるのです。ただし、手水舎が右側にある神社では、右側通行となる場合が多いようです。

神社の参道を歩いていると神気を感じるところがあります。それを意識しながら歩いてみましょう。

参道は左側通行で

③手水舎

手水舎の水で手と口を清めます。手を洗うのは、身体の外の不浄を除くため、口をすすぐのは身体の内の不浄を清めるための作法です。

清め方はまず、右手に柄杓《ひしゃく》※4を持ち、水を汲んで左手にかけ、清めます。次に柄杓を左手に持ち替えて、同じように右手を清めます。

再び、柄杓を右手に持ち、左の手のひらに水を受けて口をすすぎます。柄杓に直接口をつけないようにしましょう。

近年、新型コロナウイルスの感染拡大防止の観点から、神社の手水鉢から柄杓がなくなりました。竹の筒に開けられた穴から水が出ていたり、水を止めていたりする神社もあります。そのような場合は指示に従って対応しましょう。

④賽銭

拝殿の前に着いたら、一礼して賽銭を入れます。十円玉（百円玉や五百円玉でもよい）を三枚、「10」と書いてあるほうを表にして、神様から見て「10円」と読めるように向け、神様のほうに上を少しずらして重ねます。そして、「〇〇神社の神様、お受け取りくださいませ」と言い、賽銭箱に入れます。

「三枚」にするのは、通常、神社には主祭神様と二神のご祭神様の合わせて三柱の神様が祀られているためです。

次に十円玉を同様に九枚重ね、「不足でございましたら、こちらからお取りくださいませ」と言い、賽銭箱に入れます。「九枚」は、天地海《てんちうみ》の神様、火水空気《ひみずくうき》の神様、三神の神様（天照大神様、イザナギ、イザナミの大神様）の九柱の神様のためです。

賽銭は投げ入れてはいけません。ころがすように入れましょう。音を立てることはあってもよく、むしろ音は大切です。

⑤礼

二礼二拍手一礼をします。

「二礼」は、「お参りに来ました。よろしくお願いいたします」とのご挨拶です。

「二拍手」には、「神＝火水《かみ》」に風を入れて、自分の存在を知らせる「火風水《ひふみ》」という意味があります。

最後の「一礼」は、「ありがとうございます」という感謝の意味合いです。

⑥手の合わせ方

左手の親指と人差し指の間に、右手の親指と人差し指を入れ、その他の指は交互にして左手の小指が外側に来るようにしてください。左手は神様で右手が自分です。神様があなたを包んでくださる形になります。

※4 本来、柄杓は一位（いちい）の木で作られている。正神と邪神を振り分けるという意味がある。ちなみに一位の木は天皇家でも大切にされている。

⑦祝詞《のりと》

「祓いたまえ、清めたまえ、神《かん》ながら守りたまえ、幸栄《さちは》えたまえ」と唱えます。

大祓の祝詞※5や天津祝詞※6を知っている方は、それらも唱えましょう。

⑧願い事

願い事をする前に、次のように自分の名前、住所、年齢、干支を述べます。干支ごとに神様がいらっしゃるので、しっかり自分の干支もお伝えしましょう。

「私は、○○（住所）に住む、○○（名前）と申しまして、かぞえで○歳、○（干支）生まれでございます。いつもお守りくださりありがとうございます。本日は○○（願い事）のお願いに参りました。どうぞお聞き届けくださいませ」と申し上げます。願い事は詳しく具体的に言いましょう。また、「お願いします」ではなく、「神様の素晴らしいお力をくださいませ」のように強く願望しましょう。

⑨礼

声を出すのは「音霊《おとだま》」といって自分に戻ってくるからです。

願い事を伝えた後も、二礼二拍手一礼をします。

⑩帰路

おみくじは、参拝の後に引きましょう。

帰りは、拝殿を背にした参道の左側（来た時と反対側）を歩きます。鳥居のところまで来たら、中央で回れ右をして、拝殿に向かって一礼をします。参拝前に一礼をした場所に戻り、再び一礼する作法を「むすび」といい、大切な作法となります。

⑪お礼参り

年に一度、あるいは特別な願い事がある場合には、ご祈祷を受けるのもよいでしょう。通常、五千円から一万円ぐらいで受けることができます。

そして願い事が叶ったら、必ずお礼のお参りをしましょう。神社で願い事をしてはいけないとする意見もあるようですが、願い事が叶ったらお礼参りをするという、当たり前の作法をきちんと行うことが大切です。

ただし、お礼参りの時には決して願い事をしてはいけません。

⑫眷属神様《けんぞくしん》

神社によっては、「龍神様」「巳様」「お狐様」などの眷属神様が祀られている拝殿があります。本殿をお参りした後に必ずお参りしましょう。

眷属神様は、強い力をお持ちで、高く尊い神様のお使いをされる神様です。参拝の方法は同じで、

※５　大祓という神事の時にあげる祝詞。
※６　罪や穢れなどを清め、穏やかで幸せな日々を過ごせるよう神様にお願いする祝詞。

お賽銭は十円玉などを七枚です。

⑬参拝時の服装

通常の参拝は、だらしない服装でなければ問題ありません。ご祈祷を受ける場合は、できれば黒い服装は避け、なるべく白い服装で参拝しましょう。

伊勢神宮の御垣内《みかきうち》※7参拝の時は正装※8が必要です。軽装では内側に入ることができません。

⑭ペット

ペットを連れてお参りしてはなりません。ペットは排泄など不浄をすることがあるからです。ペットが病気になる可能性もあります。連れていく時は、抱いて境内に入ってください。これまでにペットを神社の鳥居内に入れたことがある方は、その神社へ謝罪のお参りをしてください。

⑮参拝時間

朝五時から夕方五時までの間にしましょう。

その他にも、神社に祀られている鏡には「カ（ガ）ミ」から「我（が）」を取ってカミ（神）のように生きよ、という意味があることを覚えておくとよいでしょう。

【おみくじは神様の答え】

おみくじを引いたら、書かれていることをしっかりと確認しましょう。お参りで神様にお願いしたことへの答えが、おみくじに書かれているのです（37ページ参照）。

おみくじには表と裏があります。まず表を見ます。「大吉」や「凶」などの吉兆にとらわれてはいけません。大事なのは通常上段にある「和歌」です。古来、神々は和歌を詠むとされ、歌を通じて様々な情報を発信しているのです。歌の中でも四季の言葉に注目してください。またこの中には、現在の状態も示されています。歌から、神様のお言葉の意味をしっかりと受け止めましょう。

例えば、「今、私は家を買いたいのです。いつ買えばよいかお教えください」と神様にお願いしたとします。おみくじの歌に「五月雨」と書かれていたなら、「六月」が神様の答えです。「十五夜」であれば九月から十月ということになります。また、「我が港は遠くにありて……」という歌だった場合、もう少し時間がかかりますよ、という意味にとらえます。

裏にもしっかり目を通しましょう。裏には、神の教えが書いてあります。その教えには、現在の自分の心境にぴったりの言葉が書いてあるのです。

※7　一般参拝よりもより御正殿に近い場所。
※8　男性はモーニング。女性はスーツ、ワンピース、着物。

おみくじは、楽しく役立つ指針となるのです。

実は、霊能者もおみくじを引いて、自分の修行がどれくらい進んだかチェックしているのです。私は、静岡県の川奈で小さな旅館を経営しております。旅館を建てる時、なかなかうまく進まなかったので神社にお参りして神様にお願いしました。その時に引いたおみくじには、「さくら花　のどかににおう春の野に　蝶も来て舞う袖かな」という歌が書いてありました。つまり、「来年の春には建ちますよ」との意味です。

何年も進まなかったのに急に進むことがあるのかしら、と半信半疑でおりましたが、本当に翌年春、三月三日にオープンできたのです。驚きました。

富士山に登った時に引いたおみくじの言葉は、「かごの鳥　放たれて　大空に舞う」でした。本当にこの時から、私は様々な人間関係などのしがらみから解放されました。

おみくじは吉凶だけでなく、書かれている言葉の意味合いをかみしめて読むようにしましょう。

【祝詞とは】

祝詞とは、祭典に奉仕する神職が神様に奏上する言葉です。神様につながる掛け声といってもよいでしょう。

【おみくじ】

桜花《さくらばな》 盛《さか》りは すぎて ふりそゝぐ 雨にちり ゆく 夕暮《ゆうぐれ》の庭

> 基本的に和歌が添えられています。これは神々が和歌を詠むとされ、和歌を通じてご託宣されると考えられているからです。まず第一に神のお告げを確認します。

思《おも》いもかけぬ煩《わずら》い起《おこ》りて心《しん》痛《つう》するが 心正しく身《み》を慎《つつし》めば年永《なが》く音信《たより》のたえし縁《えん》者又《じゃまた》は他人の便ありて喜び事が出て来ます何事《なにごと》も運《うん》に任《まか》せ思《おも》い煩《わずら》うな

> 上段の和歌を受けて、現在や今後の状況について全体的な解説が示されます。和歌の理解が進みます。

運勢	中吉

> その上で、和歌が示す運勢を導き出しています。多くの方はこの運勢にのみ注目しがちですが、あくまでも和歌を受けての結果なのです。

願望《ねがいごと》 他人の助《たすけ》により望《のぞ》み事叶《ごとかな》う急《いそ》ぐな

待人《まちびと》 早く来《こ》ず音信《おとづれ》あり

失物《うせもの》 手近《てぢか》にあり 見えず

旅行《たびだち》 遠くは行《い》かぬが利

商売《あきない》 多《おお》く買えば損《そん》あり

学問《がくもん》 雑念をすて目標をたてよ

相場《そうば》 売るのは待て

> 個々の項目について手短なアドバイスが示されています。この項目は神社により異なります。

争事《あらそい》 十分でない 控《ひか》えよ

恋愛《れんあい》 自己を抑えよ

転居《やうつり》 よき所なし まて

出産《おさん》 親《おや》の身大切《みたいせつ》にせよ安産

病気《やまい》 信心《しんじん》せよ 治る

縁談《えんだん》 俄《にわ》かに向こうの心がかわる 心和《なご》やかにもて吉

> 帰る際には神社の木などに結びつける方が多いですが、持ち帰り自分の戒めとして時々読み返してもよいでしょう。なお、おみくじの有効期限は次のおみくじを引くまで、というのが一般的です。

我が国は、「言霊《ことだま》の幸《さきわ》う国」とも称されるように、言霊に対する信仰が見られます。言葉には霊力が宿り、口に出されて述べることにより霊力が発揮されると考えられているのです。例えば、忌み嫌われる言葉を話すと良くないことが起こり、逆に祝福の言葉を述べると状況が好転するというものです。婚儀など祝儀の際に忌み言葉を使わぬよう注意を払うのも、こうした考えによるからなのです。

祝詞には、霊に対する信仰が根底にあるため、きれいな言い回しで神様を敬うようにあげます。

一般の方は、天津祝詞、龍神祝詞、稲荷祝詞、月読命《つきよみのみこと》祝詞の四つを知っておくとよいでしょう（巻末参照）。簡単に説明すると、天津祝詞は、汚れをとっていただき清く正しく生きることをお願いするものです。龍神祝詞は、神様のお使いとして動いていただくことをお願いします。稲荷祝詞は、五穀豊穣や商売繁盛を祈るものです。月読命祝詞は、身体を整えていただくことをお願いするものです。

日本一のパワースポット　富士山

なぜ私は富士山に魅《ひ》かれるのでしょうか。

地球が誕生して四十五億年以上。噴火や氷河期を繰り返し、大陸は分裂し、くっついたり離れたりして現在のように整いました。

神様は四方を海に囲まれた日本列島をお創りになりました。太古の日本には原始的人類が生活していました。神様は山々に降臨なさいましたが、最初に降臨なさったのは、日本列島のど真ん中に位置し、形も美しい富士山なのです。

人間界が整うと、神様は富士山から神の世界に戻られたと、修行の際に学びました。私は富士山の神界を覗いて、富士神界に感応したいと思いました。

その頃、修行の結果、フライングウェイ※9で何回も神界に行くことができるようになっていましたので、富士神界にも入ってみようと試みました。でも、何度やっても何かにぶつかってどうしても入れないのです。

そうこうしていた六十歳の時、たまたま友人に富士登山に誘われました。人生初の富士登山。当日、旅行会社の方にまず連れていかれたのは、北口本宮富士浅間神社です。長年にわたって毎年お参りしていた神社でもあります。「神様、本日は富士登山でご挨拶に参りました」と申し上げましたところ、「私が計りましたぞ」と木花咲耶姫様※10がおっしゃいました。「必ず頂上まで参ります。是非、下界をお見せくださいませ」とお願いしました。

その日、山麓は曇っていましたが、七合目まで来た時、厚く覆っていた雲の真ん中が突然、真ん丸く空いて、青い空が見えたのです。ドーナッツのように丸く雲海に穴が空いたとたん、勢いよく真っ青な空

※９　瞑想し、気を天上界へ上げること。
※10　「桜」の美しさを象徴する神様。

が広がりました。どんどん雲が流れ去り、あっと言う間に富士吉田の街並みまで見渡せるようになったのです。

しばらくすると、バーンと真っ直ぐな七色の柱が立ちました。「神様がご褒美をくださった」と皆で喜びました。

その日は山小屋で仮眠をとり、深夜に再び頂上を目指しました。登り詰め、ご来光を待ちました。目前には日の出前のやわらかな雲海が広がっていました。ご来光の瞬間に富士山頂から見た風景は、まさしくフライングウェイでいつも神様に会いに行く場所のようでした。「あぁ、ここが神界なのだわ」と深く感動しました。

何十億年も毎日、朝が来て、夜が来る。神様は繰り返しそうしてくださっている。太陽の光をくださり、ものを育ててくださる。神様への深い感謝の気持ちを新たにしました。

富士登山を終え、富士神界に入るフライングウェイを始めたところ、今度はすっと入ることができたのです。まず目に入ってきたのは、長い石の廊下です。石には、水が入っています。上に乗ってみると、石なのにフワフワしています。別の日に富士神界に入ったところ、今度は池がありました。水は底まで限りなく透き通り、白い花が咲いていました。なんてきれいな水だろうと、思わず飲もうとしたら、誰かが現れて「飲んではいけません」とおっしゃるので、やめました。

翌日、私の相談所に、「富士ミネラル」と書かれた水が届いたのです。富士神界で水を飲めなかった代わりに、神様が届けてくださったのでしょうか。さらに数日後、今度はブラジルから「水が閉じ込められた石」なるものが届いたのです。古代の水が入っていると聞きました。

富士神界で目にしたものが、現実となって私の目の前に現れたのです。面白くなって再び富士神界に入ると、今度は家具がありました。黒いタンスに珊瑚がはめ込まれています。ある時は、長いテーブルに美しい果物が載っていました。すると一カ月もしないうちに、岡山から美味しそうな立派な桃が届いたのでした。

富士神界の底を見たくなり、今度は富士山の底のほうに意識を向かわせました。深い井戸の底のようで、奥には真っ赤なマグマ。上に黒い土が撒かれている光景が見えました。恐怖を感じ、以降、富士神界の中に入ることをやめました。

初めて富士登山をしてから十年後、富士山本宮浅間大社にお参りをしました。そこには十年前に私が富士神界で感応した美しい池があり、水中に白い花が咲いておりました。一年に一度しか咲かない大変貴重な花だそうです。花を守るために、その池に入るのはやめているのだと聞きました。私が池の水を飲もうとした時に神様が止められた理由が分かりました。

毎年新年には多くの人に声をかけて、北口本宮富士浅間神社へお参りすることを続けています。二十数年前に神様と交信し、「富士山の力が弱まっているぞ」とのお言葉に感応し、「微力ながらお参りいたします」と約束をしたからです。当初は十人程でしたが、今では総勢百人程となりました。ある年のお参りの際、「富士の力が強まったぞ」と木花咲耶姫様からお声がかかりました。私は皆に「富士山が世界遺産になりますよ」と伝えたところ、二〇一三年、富士山は世界文化遺産に選ばれたのです。

神は祈る人が多ければ力を増し、その力を人々に授けてくださいます。木花咲耶姫様は桜色の光をくださいます。私の働きが、少しだけ富士の神々のお役に立てたのかもしれません。

富士山を上空から臨む

第二章　あなたを守る十二支の神様

太古の昔、神様は地上に青・黄・赤・白・黒の肌の色に分かれた「五色人」をお創りになられました。神社には今もこの五色の幕があります。

肌の色はメラニン色素の量の違いによりますから、日光の強烈な赤道直下には黒人が、日差しの弱い地域には白人が遣わされたのです。青い人なんていないと思うかもしれませんが、赤ちゃんのお尻の青い蒙古斑は「青」の名残りといわれています。蒙古斑はアジア各地に分布しています。

その後、神様は五十五人の異なる御霊を持つ人々の集団を創り、これが人類の基礎となったのです。

神政時代、最初に国を治めた天皇《すめらみこと》は、人類を統治するというより、教化する主導者でした。神政時代とは、肉体を持った人類に神々がいろいろなことを教えていく時代です。

天皇は、世界に散らばった五色人を統一・指導する役として、十六人の皇子を遣わされました。

これが、十六方位※11の起源です。

さらに、日本を中心円として十六放射を描き、十六綺形紋章を作られ、当時の天皇の紋章と定めました。その後、十六綺形紋章をもとに十六菊花紋章が考案され、天皇家の紋章として現在に伝わっているのです。

十六菊花紋章は十六の菊の花びらのように見えるところからその名がついていますが、本当は花弁を表したものではないのです。中心の丸い部分は日本を示し、日本から文明や文字が発祥し、周辺の諸外国に広がり、再び戻ってくることを象徴したものと考えられています。

十六皇子は、神代《かみよ》文字でご神名を石に彫りつけて、それを携えて世界各地に行かれました。結果、

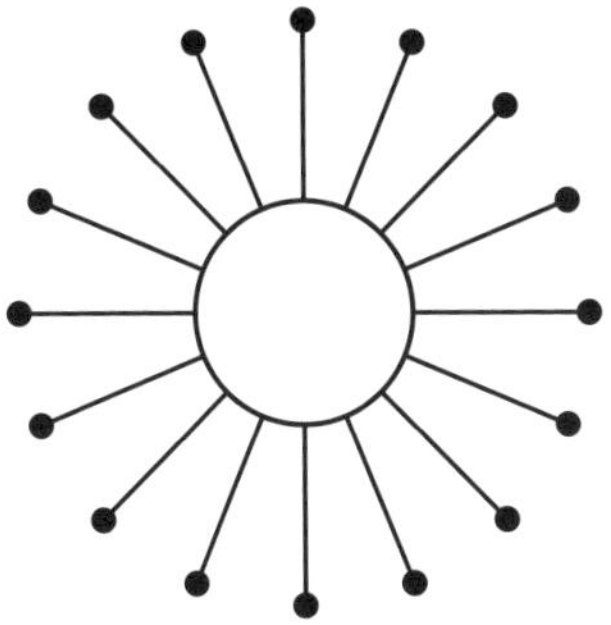
十六放射

十六菊花紋章

※11　北・北北東・北東・東北東・東・東南東・南東・南南東・南・南南西・南西・西南西・西・西北西・北西・北北西の十六の方位。

各国に文字が伝わったのです。その証に、南米のボリビアで発掘された石には、日本の神代文字で「アイウエオカキクケコサシスセソタ」と書かれ、十六柱のご神名が彫られていたのです。

【十二支の意味と神様】

十二支とは、「子・丑・寅・卯・辰・巳・午・未・申・酉・戌・亥」です。今は動物を当てはめていますが、本当の意味は違います。

十二支は十二方位が元です。十二の文字は自然界の様子をかたどったもので、それぞれ意味する状態があります。また、十二方位には、それぞれ皇子が配されて十二支の守り神となりました。次の表は、十二支が意味する状態と神様です。

十二支	状態	神
子（し）	ふゆる：地中にあって新しい生命の萌え始めるさま	日受根本（ひうけねもと）一位主尊
丑（ちゅう）	ひも（からむ）：地中で種子が割れひも状になるが未だ充分伸びていない状態	福来根主（ねのし）尊
寅（いん）	うごく：地中での変化を終え、地上に向かうさま	戸日開（とひら）光出尊
卯（ぼう）	しげる：地上に芽を出し、小さな葉をつけ始めるさま	東宇産大（うむすひ）出彦尊
辰（しん）	ふるう（ととのう）：草木の形が整って活力が旺盛になった状態	天立繁辰主（たつのし）命
巳（し）	やむ：成長の極に達した状態	天下身力巳陪利（みみり）尊
午（ご）	さかう：極限を過ぎ、わずかに衰微の気配を生じた状態	天日受午目主（うすみのし）尊
未（び）	あじ：果実が成熟して渋味を生じた状態	万色造主（いろどりのし）尊
申（しん）	うめく：果実が熟し実が引き締まり固まる状態	天万陪猿日主（まさりひのし）尊
酉（ゆう）	ちぢむ：成熟の極から縮み始めるさま	万福酉主（とりのし）尊
戌（じゅつ）	きる：草木が枯死するさま	万宝長居伝主（ながきつのし）尊
亥（がい）	とずる：草木が朽ち、生命の力が種子の内部に閉蔵された状態	豊受持来（とようけじく）主尊

【守りご本尊】

生まれ年の干支によって守りご本尊様という、あなたを一生涯守り続けてくださる仏様もいます。十二支ごとの守りご本尊様は次のようになっています。

◉子年生まれ：千手観音菩薩様

千手観音菩薩様は、千本の手にそれぞれ一眼を持たれ、無限の大慈悲により、悩みを救い、願いを叶えてくださいます。三十三間堂（京都）、豊川稲荷（円福山妙厳寺・愛知）、永安寺（東京）などに祀られています。

ご真言※12は「おん　ばざら　だるま　きりく　そわか」。

◉丑、寅年生まれ：虚空蔵菩薩様

虚空蔵菩薩様は、広大無限の力で、すべての福徳と知恵を授け、願いを叶えてくださいます。法輪寺（京都）、清澄寺（千葉）、勝光院（東京）などにおられます。

ご真言は「おん　ばさら　あらたな　おんたら　そわか」。

◉卯年生まれ：文殊菩薩様

文殊菩薩様は、世の根本を観る智恵の徳を象徴し、仏様の悟りによりお救いくださいます。智恩寺（京都）、安倍文殊院（奈良）、善光寺（長野）などにおられます。

ご真言は「おん　あらはしゃのう」。

◉辰、巳年生まれ：普賢菩薩様

普賢菩薩様は、信仰心をつかさどる仏様で十大誓願※13をもって、息災延命を願ってくださいます。

普賢寺（和歌山）、春慶寺（東京）、太山寺（兵庫）などにおられます。

ご真言は「おん　さんまや　さたばん」。

◉午年生まれ：勢至菩薩様

勢至菩薩様は、西方極楽浄土におられ、智恵の光明により、あらゆる迷いからお救いくださいます。

清水寺（京都）、法隆寺（奈良）などにおられます。

ご真言は「おん　さんさん　ざんさく　そわか」。

◉未、申年生まれ：大日如来様

大日如来様は、太陽の威力をうわまわる大光明をお持ちになり、繁栄をもたらしてくださいます。

東寺（京都）、円成寺（奈良）、横蔵寺（岐阜）などにおられます。

ご真言は「おん　あびらうんけん　ばざら　だとばん」。

※12　「真実の言葉、秘密の言葉」の意味。
※13　仏や菩薩が一切衆生の救済を願って必ず成し遂げようと定めた十の誓い。

◉酉年生まれ：不動明王様

不動明王様は、忿怒《ふんぬ》の形相でこの世の災難や迷いを解き放し、導いてくださいます。成田山新勝寺（千葉）、高幡不動尊（東京）などにおられます。

ご真言は「なまく　さんまんだ　ばさらだん　せんだ　まかろしゃだ　そわたや　うんたらた　かんまん」。

◉戌、亥年生まれ：阿弥陀如来様

阿弥陀如来様は、西方極楽浄土におられ、四十八の本願※14をもって、永遠のやすらぎを与えてくださいます。法界寺（京都）、阿弥陀寺（京都）などにおられます。

ご真言は「おん　あみりた　ていぜい　から　うん」。

【干支の三合】

昔からよく「家に午年生まれがいたら良い」「巳と寅がいたら良い」などといいますが、正確にその意味するところを知っている方は少ないのではないでしょうか。干支には相性があり、その相性を「干支の三合」といいます。十二支を円形に配置した時、「三合」は正三角形となり、正三角形の頂点に位置する干支が「三合」です。

三合を知っておくと、良好な人間関係を結ぶのに役立ちます。四つの三合は次の通りです。

●水局～申・子・辰の組み合わせ

人と人とのご縁を深めることができる組み合わせです。この組み合わせの友人関係や家族関係は、協調し合い、長い縁が結ばれます。結婚相手に恵まれない人は、この方位取りをすると縁結びの作用が強まります。「あの干支同士は相性が良い」とよくいわれる組み合わせでもあります。

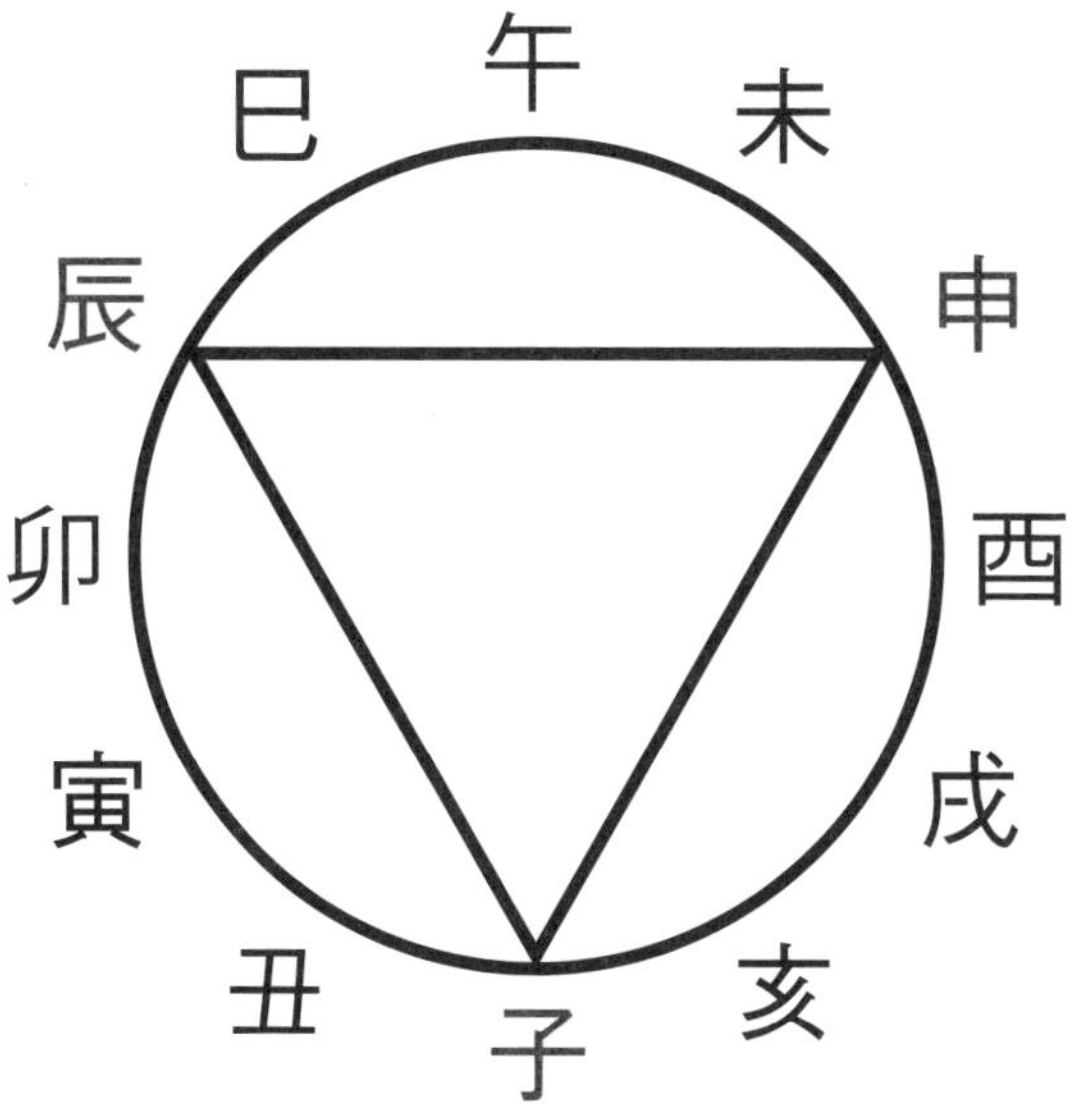

※14　浄土教の根本経典である『仏説無量寿経』『正宗分』に説かれている。法蔵菩薩が仏になるための修行の前に立てた願い。

◉火局～寅・午・戌の組み合わせ

「寅・午・戌」の三支が揃うと、目的を達成しようと燃え上がる気持ちになります。例えば、寅と午の人が何かをしている時に、戌の人が加わると。とたんに意気が揚がります。イベントをする時などには、火局の干支の三人が組むと大きな成果が期待できるでしょう。

◉木局〜亥・卯・未の組み合わせ

この組み合わせからは、何かを作り上げる時、工夫やアイデアが生み出されます。普通の組み合わせよりも何かを育成したり熟成したりする力が強まり、長い時間をかけて発展させていくことができます。会社の堅実な経営などに効果を発揮する組み合わせです。

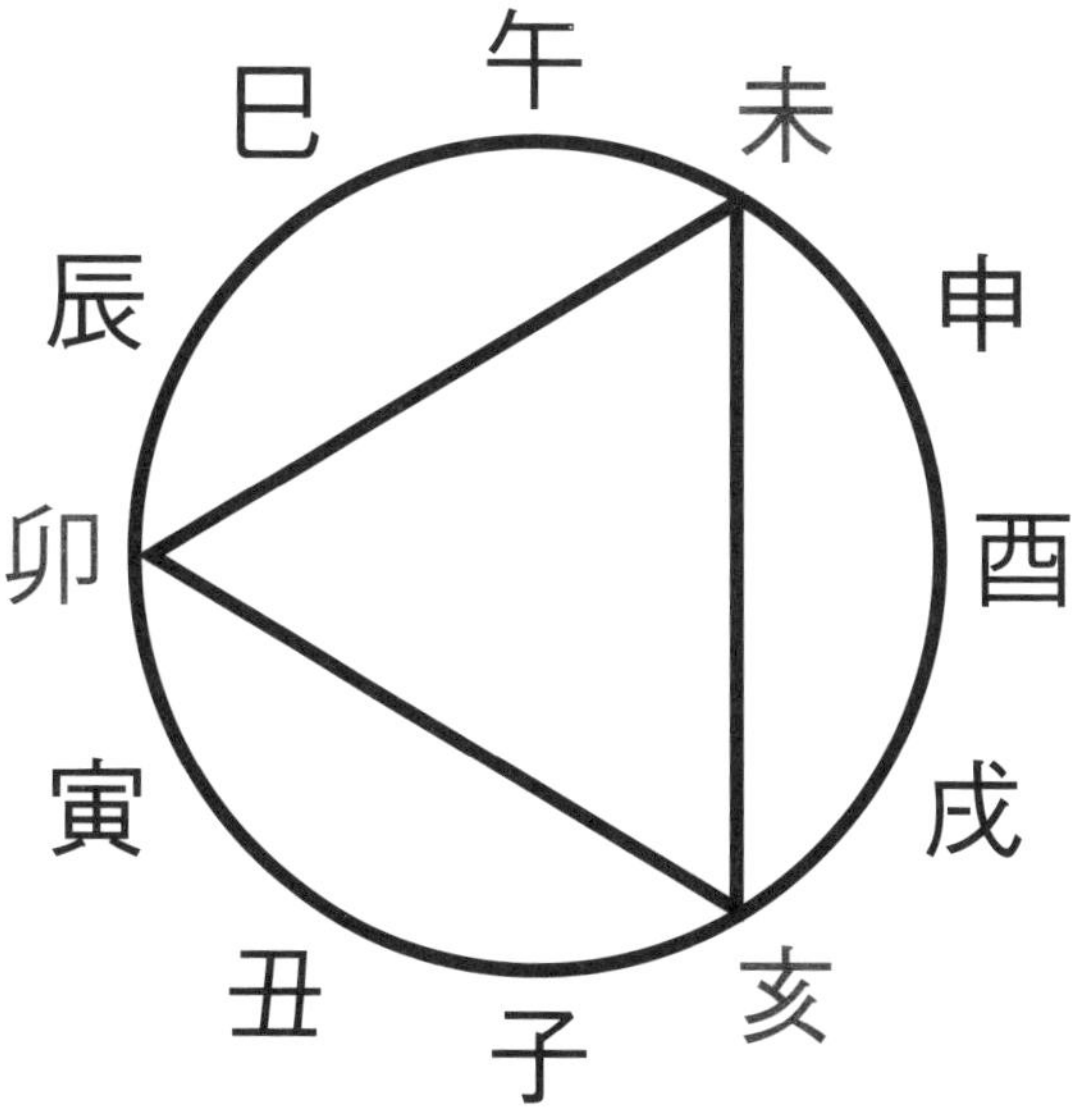

◉金局〜巳・酉・丑の組み合わせ

ずばり金運が向上する組み合わせです。資金繰りに悩んでいる時などに、金局の干支の三人が揃うと状況が好転します。一家に揃うと、お金に困らないといわれています。この方位取りのお参りを「巳酉丑参り」といい、金運が良くなるお参りです（162ページ参照）。

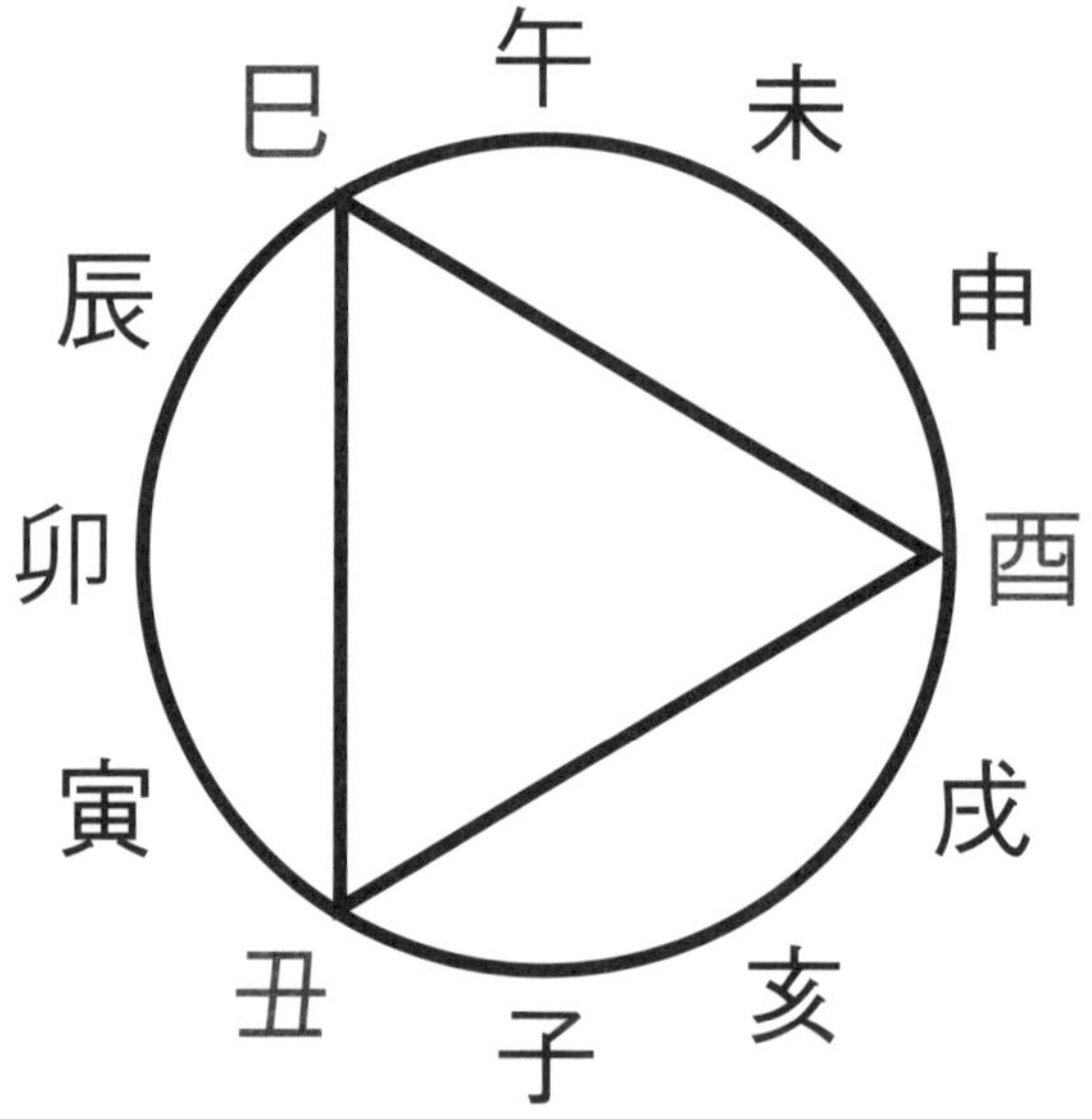

占いや方位学のプロが活用する「総合表」

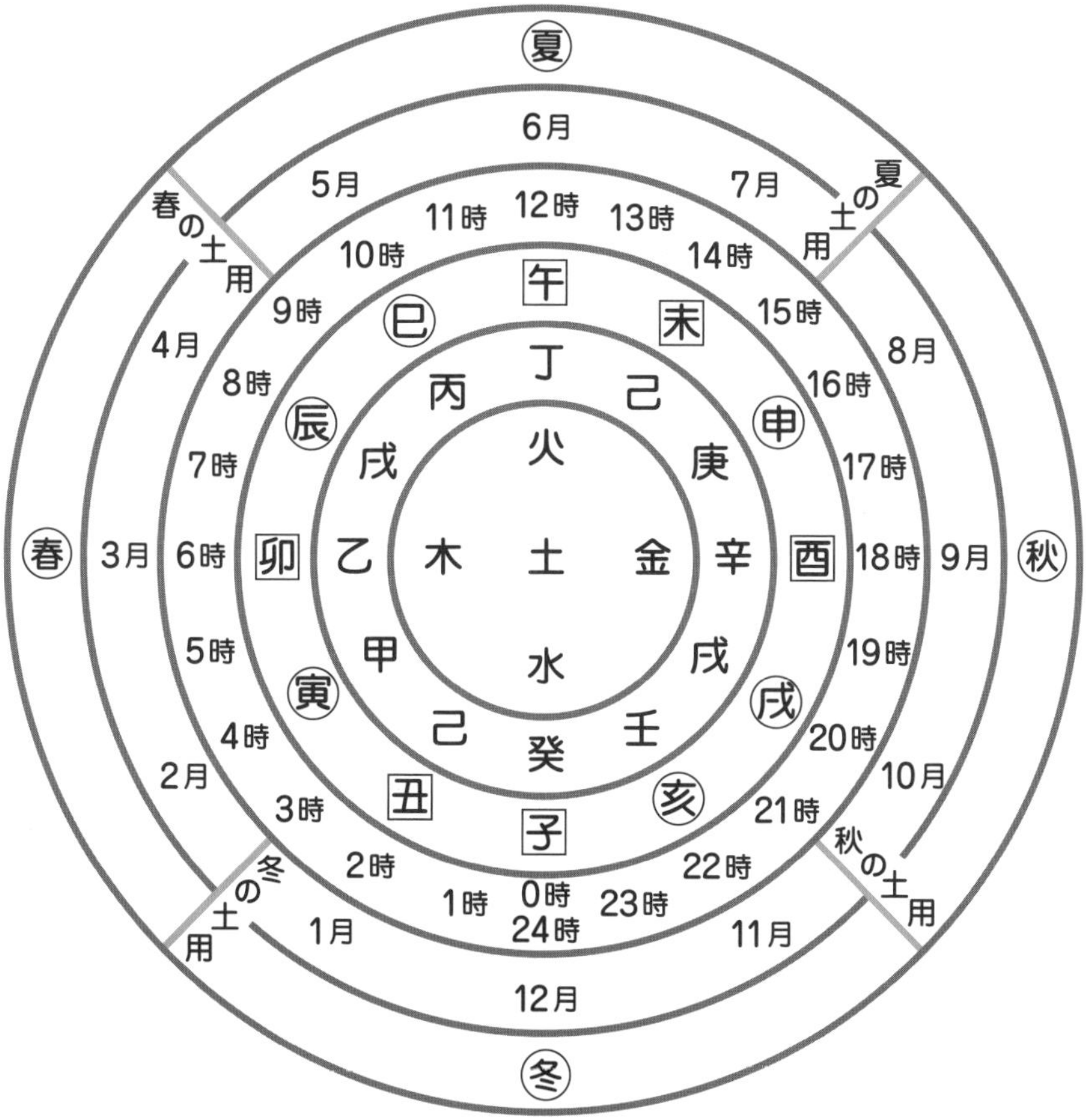

第三章　前世を知ることは自分を知る手がかり

自分は何者か、何を背負っているのか、何をするために生まれてきたのか――輪廻転生《りんねてんせい》※15と自身の前世を知り、対策を講じることで、災いを未然に防ぎ、幸福をつかむことができます。

【前世を知ることの意味】

良い一生を過ごして命を終えた人と、悪い一生で命を終えた人がいます。

いずれも死後は、無垢の心を取り戻すための魂を磨く修行をし、神の世界で時を待ちます。時が来ると、神がまた新しい命をくださるのです。前世でやり残したことを遂げるために、再び生まれ変わるのです。

この世に生まれる時、親を選び、神から肉体をいただきます。その際、神に約束します。「自分は幸せをつかむために生まれていきます」「人の役に立つために生まれていきます」と。そして、父方、母方それぞれのご先祖様たちの遺伝子を受け継ぎ、誕生するのです。

魂には前世の記憶が宿っています。前世の記憶や経験は、現世にたくさんの影響を及ぼすのです。私は霊能者としての経験から、前世における行いが悪いと、現世にもその影響が強く出る傾向があることを知っています。

実を言うと、私には中国人の男性だった前世があります。その前世の頃には、自分の妻を殴っていたと霊能者から聞かされました。現世で女性として生まれた私は、夫からひどい暴力を受けました。夫に暴力を受けたことで、前世のカルマが解消されました。

一方、私の一番良い前世は、神様のお手伝いをしていたことだとも霊能者から教えていただきました。「あなたは、神様がこの世にいらっしゃることや神の教えを皆に伝える役目を果たすため、この世に生まれてきたのです」と言うのです。私は、前世でやり残してきたことを成し遂げるため、現世に生まれてきたと確信しました。画廊や旅館などいろいろと事業もやってきましたが、そのような人生の中においてたくさんの書物を読み、素晴らしい霊能者たちと出会い、そして導かれ、いまこうして悩める人々に寄り添う仕事を続けているのです。

※15　生きるものが何度も生死を繰り返すという考え。

来世はどのような人生が待っているのでしょうか。それは誰にも分かりません。ただ言えることは、来世を良いものとするためには、現世を正直に素晴らしい気持ちで生き、自分の魂を磨くことが大切だということです。

人生でやり残しがあると、やり残しをやりきるためにまた生まれてくるのです。一方、完璧に人生をやり終えた人は生まれ変わる必要がありません。従ってそのような人に来世はないということは知っておいてよいでしょう。

さて、ここで輪廻転生について、昭和初期の興味深い逸話がありますので紹介します。

輪廻転生〜松太郎物語※16

昭和の初め頃、東京都杉並区の火葬場内にあった掘っ立て小屋に、松太郎という物乞いが住んでいました。資産家の出身で学識もありましたが、両親の死後、一生楽に暮らしていけるほどの遺産を放棄し、一介の物乞いとして気ままに人生を送っていました。何かと言えば人の手助けをする無類のお人好しで、人望の厚い〝物乞いの有名人〟として、地域の人々に親しまれていました。

昭和十年十月十一日、松太郎は四十八歳で亡くなりました。松太郎の世話になった多勢の人々の手によって立派な葬式が出され、代議士から近所の子供までその人徳を偲《しの》んだといいます。

松太郎のために小屋を建てるなど特に仲の良かった地元の名士・山崎平三郎は、引き取り手のない松太郎の遺体を、自分の郷里の墓に埋葬しました。その際にちょっと変わったことをしました。松太郎の内股に次のように書いたのです。

「南無妙法蓮華経　松太郎　東京都杉並区高円寺　山崎平三郎しるす」。同時に「どうかいい家に生まれてこいよ」と祈りました。

日本では古くから、再生を祈り遺体に何か書いて葬ると、祈った通りの再生が叶えられ、再生した身体の同じ場所に、その文字が現れるとの言い伝えがありました。山崎もそのことを知っていたのです。

松太郎が亡くなった三年後の昭和十三年十月十五日の夜、山崎の家に突然、大阪から人が訪ねて来て、次のような話をしたのです。

「三年前に男の子が生まれたのですが、その子の内股に、『南無妙法蓮華経　松太郎』という文字があざとなって現れているのです。日蓮宗の高僧や祈祷師に頼んで消してもらおうとしたのですが、いっこうに消えません。ところがある夜、その子が私の夢の中に現れ、『書いた人に頼めば消える。その人は東京都杉並区の区役所に行けば分かる』と言うのです。そこで区役所で聞き、あなたのところにうかがったのです」

松太郎は、死後生まれ変わっていたのです。山崎は「古くから、お墓の土で洗えば消えるといわれています」と教え、翌日その客人を郷里の墓所に案内し、墓の土を持たせました。「もしこの土で洗っ

※16　安谷白雲編著『生命の不可思議』より。一部著者による加筆・修正あり。

ても消えない時には電報をください。私がそちらへ行って消してみますから」と客人を見送りました。

すると二日後、「キエヌ　スグ　オイデ　コウ」と電報が届きました。山崎は大阪に向かいました。その方は、大阪市内に立派な邸宅を構えておりました。松太郎が豊かな資産家の息子として再生したことが分かり、山崎の感慨はひとしおでした。家に通され、その子の内股を見ると、山崎がかつて松太郎に書いた文字がそのまま、青紫色に浮き出ていたのです。

山崎は「松太郎、いい家に生まれてきてよかったな。証拠を見せてくれてありがとう」と、お題目を唱えながら水を含ませた脱脂綿で内股の文字を拭いました。すると、文字はみるみるうちに薄くなり、跡かたもなく消えてしまったのでした。

【予知夢と前世】

予知夢から、前世を知ることになる場合があります。予知夢とは、将来の予兆が極めて具体的に示されるような就寝中の夢であり、「正夢」「霊夢」と表すこともあります。ここで、私のお弟子さんの一人、小野和妙さんが実際に体験した予知夢を紹介します。

予知夢の確信～安曇野の首なし地蔵

私は、観月先生にいろいろと神様について教えていただくうち、ゴツゴツとした心が徐々に丸くなっていきました。そんな頃、不思議な夢を見るようになったのです。

ある晩のこと、私は夢の中で小高い山の麓を歩いています。山の上にはお寺、山の中腹には男性二人が見えました。突然足元から、「私の首をつけてくれないだろうか」という声がしたので、ふと見るとお地蔵様がいらっしゃいました。頭がなく胴体だけで、横ににっこり笑ったお顔の頭が置いてありました。

「この頭を載せればよろしいのですか？」と私は聞きました。「いやいや、山の中腹にいる男性二人に力を借りて、ちゃんとした頭を作ってほしい。一万円くらいでやってもらえます。場所は長野だよ」とのお答えでした。男性二人に話をするため、山を登ろうとしたところで目が覚めました。

あまりにもはっきりとした夢でしたので、起きてからも気になりましたが、どうすることもできずにおりました。

伊豆・川奈にある観月先生の施設「清寮 花うさぎ」での夏の勉強会の日になりました。普段から仲の良い金森啓子さんに、夢の話を聞いてもらったところ、金森さんの表情がみるみる硬くなり、鳥肌が立っています。金森さんは「私も同じ夢を見た」と言うではないですか。勉強会に参加されていたWさん夫妻にお話をしてみたところ、「一緒にそのお地蔵様を探しに行こう」と言ってくださいました。場所は、長野県という以外は分かりません。半年経った頃、Wさん夫妻が長野の八ヶ岳に誘ってくださいました。金森さんたちとご一緒することにしました。

現地に着くと美しい彩雲が天上を覆っていました。その夜、滞在していた町全体が原因不明の大停電となりました。翌日、お地蔵様を探しに、まずは金森さんと二人で感応した安曇野に行くことにしました。安曇野へ向かいながら目を閉じると、どんどんお地蔵様のお姿が大きく近づいてくるのが見えました。

途中で観光協会に立ち寄り地図をもらいました。地図の右側が気になり「こちらには、何がありますか?」と尋ねると、古いお寺と神社があるだけとのこと。「絶対にここだ」と確信しました。迷うことなく、その場所へ行くことができました。

お地蔵様は首をスパッと切られ、頭の代わりに丸い小さい石が置いてありました。お会いできたのはよいのですが、神社はお留守で、男性二人とは誰なのか、と途方にくれてしまいました。

帰り道、年配の女性がお庭にいらっしゃいましたので、その方に夢の話をして、どこへお願いをしたらよいのか尋ねました。するとその方は、不思議がりもせずに管理しているお寺を教えてくださいました。松尾寺という薬師如来様を祀る素晴らしいお寺でした。

松尾寺のご住職様のお顔を見て金森さんも私も驚きました。夢の中のお地蔵様のお顔そっくりだったからです。ご住職様に今までのお話をすると「すぐに石材店に連絡をして、直接お話ができるようにしましょう」と手配をしてくださいました。

一週間後、石材店さんから連絡をいただき、お地蔵様の頭部の制作を依頼しました。しばらくして石材店さんから、「できましたよ」という連絡をいただき、観月先生をはじめ十数名で安曇野へ向かいました。

初めてお会いしたお地蔵様のお顔は、満面の笑みで、皆を心から迎えてくださっているようです。夢の中で見た二人の男性は、松尾寺のご住職様と石材店の社長さんだと腑に落ちました。

お地蔵様の身体にお顔を載せて、花や菓子、水、お茶をお供えした後、観月先生が降霊してくださいました。お地蔵様は、名前を「嘉右衛門」といい、三百年程前、西に十キロ行った村の庄屋でした。村の人のために尽くされた方なので、亡くなった後に村人たちがお地蔵様として祀ったようです。

嘉右衛門さんのお話を聞いているうち、私は私ではなくなり、涙がボロボロと出てきます。「夫が大変お世話になりました。本当にありがとうございます」と喋っていました。金森さんも泣いています。実は、私は前世、「ミネ」という嘉右衛門さんの妻で、金森さんは娘の「チヨ」だったのです。素晴らしい出来事を体験し、本当に幸せな気持ちになりました。

嘉右衛門さんは現世でも、人々の幸せと世の発展を願って守ってくれているような気がします。

【前世との対話】

自分の前世を自分自身で知るには、相応の修行が必要です。しかし、霊能者と霊媒となる方の力を借りることで、前世を知ることができます。

ここで霊媒の経験が豊富で、現在は前世鑑定者として活躍されている若宮さつきさんの経験を紹介します。霊能による前世鑑定の一端を知っていただけるでしょう。

「魂みがき」と前世との対話

私が霊媒として観月先生の浄霊のお手伝いをさせていただくようになってから間もない頃、先生の川奈のお宿での浄霊が終わり、先生と二人で夕食を食べていた時の出来事です。「さっちゃん、ちょっと待って」。観月先生が目を閉じたまま話し始めました。

「おかっぱ頭の小さな女の子が戦いの終わった戦場を歩いている。食べ物を探しているみたい。六歳か七歳くらい。あ！　さっちゃんだ、さっちゃんの前世だわ。この女の子の名前も『さち』だって。目に矢の刺さったお侍さんから大きなおむすびをもらった」。聞いている私にも少しずつその映像が見えてきました。

さらに観月先生は、「女の子はお侍さんの手を引いて家に連れて帰り、両親に目の手当てを頼んでいる。貧しい家のよう。母親がおむすびに葉物の野菜などを足して雑炊にして大勢の家族で分け合って食べている。お侍さんは、さっちゃんの今世のお父さんだわ」と続けました。

驚きました。先生は私の父に会ったことがないのです。父は私が二十歳の頃、上顎ガンを患い、転移する可能性が高い左眼を摘出していたのです。母亡き後は、父と子どもたちの暮らしでしたが、父が作る朝食は毎日雑炊でした。前世が出てくるとはこういうことなのだと、初めて知りました。

その日帰宅したのは夜の十時過ぎでした。毎日、時計の針のように規則正しい生活を送る父は、夢の中のはず。ところがそっと部屋を覗きに行くと、父はベッドに腰かけて「遅かったな」とひと言。生き霊が現れたのかと感じました。

あまり相性の良くない父でしたが、観月先生に前世を見せていただき反省しました。今世、私は父に恩返しをするために生まれてきたのだと分かり、父が九十歳で生涯を閉じるまで「父への感謝」を心に刻み暮らしました。

それから数年が経ったある日、先生が浄霊の最後に不意に「魂みがき」という作業を始めました。何も聞かされていなかった霊媒の私は不思議でなりませんでした。霊媒でない素の私の声が聞こえてきたのです。

きれいに磨かれた魂の中から、素晴らしい前世の方が出てきて話し始めました。霊媒として喋っている私自身も驚きました。それからは先生が「魂みがき」をすると素晴らしい前世の方が出てくる機会が多くなり、「今世の自分といろいろなことがリンクする」と皆様が喜んでくれるようになりました。

ある日、H氏の浄霊がありました。観月先生が「魂みがき」を終えるとH氏の前世の方が現れました。ポルトガルの船主で、名前は「アントニオ」。浄霊が終了したと同時に「ものすごくビックリしたよ！」とH氏がおっしゃいました。

H氏は子供の頃から船が好きで水産学校まで行ったそうです。時代の変化で船乗りにはなれなかったけれど、船でブラジルへ渡り二十年以上生活して日本へ戻ってこられました。ブラジルでは三百六十五日すべての日に聖人の名前がつけられています。H氏の誕生日は「サントアントニオ」の日とのことです。また、H氏が企画を担当する年に一度の「観月先生と行く神社参拝旅行」では、海にしても湖にしても必ず船に乗るコースが入ります。その理由は前世にあったのだと理解できました。

しばらくしてH氏から「さっちゃんは霊媒だけでなく前世鑑定も生業のひとつに入れたらいいよ」とのアドバイスをいただきました。前世鑑定をどうやって形にすればいいのか、試行錯誤の日々が続きました。行きついたのが、まずは私自身の前世の人との会話を文章に書いてみることでした。文章にすると、今世とリンクする物事を改めて確認できるのです。私の前世鑑定は『前世との対話』という冊子に仕上げました。

ご依頼くださる方の前世鑑定では、写真を一枚いただき魂とお話しします。私は、風景の見える対話を心掛けております。ある方からは「探偵を使って身辺調査でもしたかと思いました」というご連絡がありました。「あまりにも今の生活とリンクすることが多すぎます」とも。私にとっては何よりの褒め言葉です。

前世との対話が、少しでも皆様の今世での生活のお役に立てれば、私にとって何よりも幸福なことだと思っております。

第四章 「かずたま占術」で〝命の数〟を知る

かずたま占術の歴史の始まりは一億二千年も前、日本の縄文時代よりはるか前に溯ると伝えられています。その頃、言葉、音、形、数にそれぞれ霊が宿り、言霊《ことだま》、音霊《おとだま》、形霊《かただま》、そして数霊《かずたま》があるとの思想が形成されていきます。

このうち、数に宿る「数霊」は、古神道※17の秘儀占術として深化し、門外不出の秘伝の思想として隠されてしまいます。その後、インドや中国大陸に伝わって進化を遂げ、仏教伝来とともに日本に逆輸入されたのです。数千年の歴史を持つ、いわば東洋の叡智が蓄積された占術なのです。同時に、この思想は大陸を経て欧州にまで伝わったといわれています。

【かずたま占術とは】

地球の公転は四季を生み、繰り返します。同様に、生命にも軌道があり、循環しています。生命の軌道とは、人が生まれてから死ぬまでの時間帯のことです。

時間には、個々の人間とは無関係に進む自然時間と、個人の生年月日を出発点として生じる時間の二つがあります。個人の生命の時間と、自然時間との対応関係において運命が決まるのです。

「かずたま」とは、個人の生年月日を出発点としてすべての命を1から9までの数に変換し、宇宙、地球そして生物の生きる軌道を分析する理論です。

かずたま占術では、生年月日と姓名、そして住所がもととなります。すなわち、静態数理※18である「生年数、生月数、命数、人名数」から内に潜在しているものを、また動態数理※19である「波動周期」から現在の状態を導き出し、併せて判断し、鑑定します。

鑑定の流れは、まず占う対象者の生年月日と姓名をもとに、「生年数」「生月数」「人名数」などの「静態数理」を導き出し、その人が潜在的に持っているもの、その人の本質を確認します。

次に「動態数理」からその人が置かれている状況を確認します。「動態数理」とは、その人の持つ波動、つまり生命エネルギーを表し、やはり生年月日から導き出しますが、男女で波動が異なる

※17　仏教などの外来宗教の影響を受ける以前の神道。
※18　一生変わらない、決まっている数字。
※19　年月日の動き。

など複雑な計算式に基づきます。本書での詳細な説明は省きますが、これにより過去・現在・未来の状態を見ていくのです。

複雑なかずたま占術による鑑定を行うには、ある程度の学習が必要となります。本書では、シンプルで分かりやすい「命の数」を伝授します。もし本格的に学びたいという方がいらっしゃいましたら、全国で実施している私の勉強会に是非参加してみてください。

著者による「かずたま占術」の勉強会

【命の数とは】

数字はそれ自体が深い意味を持っています。例えば、人の性格や特徴、人生のテーマやキーワードを示すこともあります。

個々人の生年月日から導き出される数字がその人自身の「命の数」となり、そこから自分の性格や気になる人との相性を知ることができます。つまり命の数は、あなた自身や自身を取り巻く世界への理解を深めるためのとても有益なツールのひとつなのです。ちなみに命の数は、先に説明した「静態数理」に当たります。

私たちはいろいろな場所で、様々な能力を求められます。そのような時に命の数を知ることで、自分でも知らなかった自分の才能や隠れた資質に気づき、最大限にその力を発揮できるようになるかもしれません。

命の数が重要視されるのは、その人が生まれてから死ぬまで一生変わることのないその不変性にあります。命の数は、他の人があなたを識別する記号のような役割も持っており、社会との関わりを表す数でもあるのです。

また、命の数は、易のように道具も必要なければ、占星術のような複雑な計算も必要のないとても簡単なものです。いつでもどこでも簡単な暗算で出すことができるので、覚えておいて損はありません。

あなたの陥りやすい行動パターンや気になる人の本当の気持ち、注意すべき病気など多くのことを知る手がかりともなり、上手に活用すれば生活上の様々なメリットが得られるかもしれません。

【命の数の計算方法】

先述したように命の数の算出方法は簡単です。

西暦の生年月日を、一桁の数としてバラバラにして、それを全部足し算します。出た答えは二桁の数字となるので、またそれぞれの数字を足し算します。これを一桁の数字になるまで計算します。

なお、一月生まれの方と二月の節分までの誕生日の方は、最後に算出した一桁の数字から「1」を引きます。一月一日から二月三日までに生まれた人は注意しましょう。

また、最終的に「0」になった人の命の数は「9」です。

こうして導き出された数字が命の数となります。

命の数の計算方法

例 ① 1977年12月16日生まれの人の場合

1＋9＋7＋7＋1＋2＋1＋6＝34
従って、「3」と「4」を足して7
命の数は「7」となります

例 ② 1997年1月29日生まれの人の場合

1＋9＋9＋7＋1＋2＋9＝38
従って、「3」と「8」を足して11
２桁なので、さらに「1」と「1」を足して2
また、節分前の1月生まれなので、２から１を引いて1
命の数は「1」となります

例 ③ 1997年1月28日生まれの人の場合

1＋9＋9＋7＋1＋2＋8＝37
従って、「3」と「7」を足して10
２桁なので、さらに「1」と「0」を足して1
1月生まれなので、１から1を引いて0
「0」となったので、命の数は「9」となります

【命の数から見る人のタイプ】

◉命の数「1」～水の御霊を持つ人

水は直観力を象徴します。

直観力が強く、他人と違った独創的・進歩的な発想力の持ち主です。それが魅力であり、時として大きな力となります。一方で、強情な性格でなおかつ依頼心が強いことから自己中心的になりがちです。人間関係には注意が必要です。

また、様々な誘惑に弱いタイプで、それにより失敗を招く可能性があります。お酒や性欲などの欲望をコントロールすることが大切です。

自分の悩みを一人で溜め込み、苦しむことが多いタイプでもあります。自分を許し、他人を許す、美しい水の流れに身を委ねるような生き方を心掛けましょう。

命の数１の有名人

＊名前（肩書き）の後の年月日は生年月日。命の数２以降の有名人も同じ

・所ジョージ（タレント）……………………１９５５年1月26日

・明石家さんま（タレント）…………………１９５５年7月1日

・小泉今日子（歌手・俳優）…………………１９６６年2月4日

・マツコ・デラックス（タレント）…………１９７２年10月26日

・上戸　彩（俳優）……………………………１９８５年9月14日

・桐谷美玲（俳優）……………………………１９８９年12月16日

・有村架純（俳優）……………………………１９９３年2月13日

・土屋太鳳（俳優）……………………………１９９５年2月3日

◉命の数「2」～土の御霊を持つ人

土は原材料を象徴します。

柔和で親切、献身的な精神の持ち主です。正直で忍耐強く、細部によく気がつく母のような存在です。一方で、頑固で少々ひねくれた部分を持ち合わせており、二面性があります。

また、新たなことに意欲的に取り組んだり、積極的に人付き合いしたりすることはどちらかというと苦手。そのような自分に悩むタイプでもあります。大地にずっしりと構えて、一歩踏み込むチャンスを逃さないように自身と周辺を見つめましょう。

土の御霊を持つ人には、霊感の強い人が多いのが特徴です。日々の信仰心がその力を高めます。本書を参考にできることから始めましょう。

命の数２の有名人

・和田アキ子（歌手・タレント）…………………… １９５０年4月10日

・水谷　豊（俳優）…………………………………… １９５２年7月14日

・松任谷由実（シンガーソングライター）……… １９５４年1月19日

・石田ゆり子（俳優）……………………………… １９６９年10月3日

・岡田准一（歌手・俳優）………………………… １９８０年11月18日

・向井　理（俳優）………………………………… １９８２年2月7日

・相葉雅紀（歌手・俳優）………………………… １９８２年12月24日

・鈴木　福（俳優）………………………………… ２００４年6月17日

◉命の数「3」～音の御霊を持つ人

音は春を象徴します。

声に特別な力を有する「音霊」の持ち主です。明朗で歯切れが良く、いつも若々しく活発な人です。表現力があり歌手やアナウンサーなど、声を仕事にする人も多いのが特徴です。

自分の考えを他人に押しつける部分を持ち合わせていますので、説明不足にならぬようよく考えて発言し、自慢話や軽率な言動を慎むことが大切です。

短気でヒステリックなタイプが多いのも特徴です。自分の置かれた状況を見つめるとともに、相手の話をしっかりと聴くことを心掛けましょう。

言葉で他人を元気にさせることで自身の運気が上がります。

命の数３の有名人

・北野　武（タレント・映画監督）……………… １９４７年1月18日

・小池百合子（政治家）………………………… １９５２年7月１５日

・阿部　寛（俳優）……………………………… １９６４年6月２２日

・有吉弘行（タレント）………………………… １９７４年5月３１日

・仲間由紀恵（俳優）…………………………… １９７９年10月３０日

・滝沢カレン（タレント・モデル）…………… １９９２年5月１３日

・浜辺美波（俳優）……………………………… ２０００年8月２９日

◉命の数「4」～風の御霊を持つ人

風を象徴します。

順応性が高く、調和を心掛け、人をまとめるのが上手なタイプです。積極的に活動することで、様々な情報を獲得し、人と人とをつなげることができます。一方、そよ風のように人をほっとさせたりしたかと思うと、台風のように荒れたりと、感情に起伏があるのも特徴です。

また、騙されやすい面を持っています。人付き合いが良いのはいいのですが、相手のことを鵜呑《うの》みにして、判断を誤ることがないよう注意しましょう。

このタイプは、八方美人的な交際術で運気を高めます。また、部屋を常に整理整頓する習慣が大切です。

命の数４の有名人

・タモリ（タレント）……………………………１９４５年8月２２日

・桑田佳祐（シンガーソングライター）…………１９５６年2月２６日

・岸田文雄（政治家）……………………………１９５７年7月２９日

・松岡修造（スポーツコメンテーター）…………１９６７年11月6日

・米倉涼子（俳優）………………………………１９７５年8月1日

・田中みな実（俳優・アナウンサー）……………１９８６年11月２３日

・渡辺直美（タレント）…………………………１９８７年10月２３日

・白石麻衣（歌手・タレント）……………………１９９２年8月２０日

・藤田ニコル（タレント・モデル）………………１９９８年2月２０日

◉命の数「5」〜中心・核の御霊を持つ人

統括力、中心を象徴します。

多芸でカリスマ性を持ち合わせ、人をリードしていくタイプの人です。意志が強く実行力がありますす。自由人で他人からの束縛を嫌う反面、自分の部下や家族のことはすべて掌握していないと気が済まないところがあります。

行動は時に強引で、利己主義な面があり、他人から煙たがられることも。また、慢心さが生む自堕落な生活には注意しなくてはなりません。

謙虚に、度量深い心持ちで生活することでさらに魅力が増します。

命の数5の有名人

・長嶋茂雄（元プロ野球選手）……………………１９３６年2月20日

・孫　正義（実業家）……………………………１９５７年8月11日

・西島秀俊（俳優）………………………………１９７１年3月29日

・綾瀬はるか（俳優）……………………………１９８５年3月24日

・錦織　圭（プロテニスプレーヤー）…………１９８９年12月29日

・フワちゃん（タレント）………………………１９９３年11月26日

・横浜流星（俳優）………………………………１９９６年9月16日

・橋本環奈（俳優）………………………………１９９９年2月3日

◉命の数「6」～殿様、お姫様・奥方様気質の御霊を持つ人

天すなわち丸いものを象徴します。

気品と威厳を兼ね備えた人です。他人の引き立てを受けて社会的地位が上がるタイプです。大物気質で自尊心が強く、他人から敬われることを喜びとする一方で、頼まれ事に「ノー」と言えず墓穴を掘ることも。

ロマンを抱き、年を重ねるごとに夢を追いかけます。行動力もありますから、経営者や指導者として力を発揮します。進むばかりで引くタイミングを誤って失敗したり、部下から裏切られたりしやすいのもこのタイプです。

周辺の声を聴き調和を保つことが大切です。

命の数６の有名人

・黒柳徹子（タレント）……………………………1933年8月9日

・笑福亭鶴瓶（落語家）…………………………1951年12月23日

・福山雅治（シンガーソングライター）…………1969年2月6日

・いとうあさこ（タレント）………………………1970年6月10日

・深田恭子（俳優）…………………………………1982年11月2日

・杏（モデル・俳優）………………………………1986年4月14日

・石原さとみ（俳優）………………………………1986年12月24日

・羽生結弦（プロスケーター）……………………1994年12月7日

◉命の数「7」～実《みの》りの御霊を持つ人

実り・収穫、すなわちお金を象徴します。

弱きを助け強きをくじく、正義の味方タイプ。困っている人を放っておけません。

他人を良い方向へと導く「食の神」がついています。若い頃は夢を追いかけ、人一倍の努力をし苦労を重ねますが、そのことが年を経て粋な気質となって表れ、他人を応援したくなります。

また、お金儲け、ビジネスの才があります。一方で、浪費癖があり、お金で苦労することもあります。バランスの良い金銭感覚を持って行動することがとても重要です。

命の数７の有名人

・堤　真一（俳優）……………………………１９６４年7月7日

・イチロー（元プロ野球選手）………………１９７３年10月２２日

・新垣結衣（俳優）……………………………１９８８年6月１１日

・HIKAKIN（ユーチューバー）………………１９８９年4月２１日

・竹内涼真（俳優）……………………………１９９３年4月２６日

・今田美桜（俳優）……………………………１９９７年3月5日

・広瀬すず（俳優）……………………………１９９８年6月１９日

・永野芽郁（俳優）……………………………１９９９年9月２４日

◉命の数「8」～改革の御霊を持つ人

創造、前進を象徴します。

素晴らしい発想力と実行力を持ち合わせています。創造したアイデアを新規事業として起こす才能もあります。ただし、白黒をはっきりさせなくては気が済まないタイプで、やるとなったら猪突猛進。そのスピード感に周りがついていけないこともあるので、せっかちに事を進めてはいけません。

身体を動かすことが得意で、センスもありますから、スポーツやダンスなどに積極的に取り組むとよいでしょう。

家や家族のことに関する問題が起きやすいので、ご先祖様の供養をしっかりしましょう。

命の数８の有名人

・吉永小百合（俳優）…………………………１９４５年3月13日
・出川哲朗（タレント）………………………１９６４年2月13日
・三木谷浩史（実業家）………………………１９６５年3月11日
・阿部サダヲ（俳優）…………………………１９７０年4月23日
・安室奈美恵（元歌手）………………………１９７７年9月20日
・指原莉乃（歌手・タレント）………………１９９２年11月21日
・大谷翔平（プロ野球選手）…………………１９９４年7月5日
・芦田愛菜（俳優）……………………………２００４年6月23日

◉命の数「9」～火の御霊を持つ人

光と熱を象徴します。

いつもワクワクするような新しい発見を求めています。自分の興味のあることに出会ったら苦労を厭《いと》わずチャレンジし、高みを目指します。人が目標とするような自分でありたいのです。その一風変わった行動から、他人に誤解されることもしばしば。

移り気で、見栄っ張りの傾向があります。せっかく取り組んできたことを途中でやめてしまったり、あれもこれもといくつも抱え込み、すべてが中途半端になってしまったりすることがありますから、よく考えて行動しましょう。特に、無責任な約束はしないよう注意が必要です。

命の数９の有名人

・大泉　洋（タレント・俳優）……………………… 1973年4月3日

・陣内智則（タレント）……………………………… 1974年2月22日

・北川景子（俳優）…………………………………… 1986年8月22日

・佐々木　希（俳優）………………………………… 1988年2月8日

・ホラン千秋（俳優）………………………………… 1988年9月28日

・本田　翼（俳優）…………………………………… 1992年6月27日

・菅田将暉（俳優）…………………………………… 1993年2月21日

私のかずたま占術のお弟子さんである小宮山明良氏の体験談を紹介します。小宮山氏は、かずたま占術をライフワークとして深く研究しており、現在は勉強会で指導的な役割を果たしています。

想念は占いを超える

私は母の紹介で観月先生にお会いしました。観月先生にお会いする前に出会った霊能者に「あなたは五十二、三歳で死ぬ」と言われてしまいました。自分では重く受け止めていなかったのですが、母は放っておけなかったのでしょう。

「死ぬなんて、そんなことを言う霊能者はとんでもない。死ぬなんて出ていない。自分で勉強してみなさい」と観月先生に言われ、かずたま占術を学び始めたのです。

私はもともと、人生を解き明かす公式のようなものを求めて哲学や宗教の本を読み漁っていたので、霊能者や占い師の世界に興味はありました。大学受験に失敗した頃から、四柱推命をはじめ、算命学や西洋占星術、気学など様々な占いを学んできました。

かずたま占術を観月先生は分かりやすく教えてくださいました。ルーツである数霊占術の田上晃彩先生や山本珠基先生の著書を何度も繰り返し読み、かずたま占術にどっぷりはまっていきました。

今では、私に「五十二、三歳で死ぬ」と言った霊能者にも心から感謝しています。おかげで自分自身の持つ意識こそが一番大切なのだと学びました。もちろん「死ぬ」と言われた年齢も無事に超えました。

この占いを学び続けながら、観月先生のもとで勉強会や仕事の手伝いもさせていただきました。観月先生とお弟子さんで作る「花うさぎの会」が、いわゆる宗教法人のような組織だったら、私はとうの昔に抜けていたでしょう。組織で活動することにあまり適していない私にとって、上下関係がなく、他の霊能者や占い師に学ぶことを全く厭わない自由な環境だからこそ、続けてこられたのだと思います。

観月先生はかずたま占術だけではなく、浄霊とお清めもされています。浄霊によって負を取り除いて魂を磨いてくださいます。そして相談者がその人らしく輝いて生きていくにはどうしたらよいかを伝えてくださいます。誰かに依存することなく、自分自身で切り開いていける術なのです。とかく占いに依存してしまう人が多い昨今、とても大切な教えだと思います。

後進の育成にも熱心に取り組んでおられます。月に一度、勉強会を開催され、神仏のこと、見えない世界のこと、かずたま占術を二十五年以上教えてこられました。私は勉強会でかずたま占術を教える役割を与えていただき、勉強会やテキストなどだけでは学び得ない様々な知恵を身につけることができました。

観月先生のもとで学んだかずたま占術は、かけがえのないライフワークです。しかし、私にとって観月先生から学んだ一番の宝物は「神様はいらっしゃる」という真実です。日本古来の大自然に対する畏怖の念、森羅万象に神を感じる心、神仏やご先祖様への畏敬の念を学べたからこそ、今の私と家族があるのだと確信しています。

命の数別　相性のいい数字

あなたの命の数	相性のいい数字
1	⑤　⑥
2	⑥　⑦
3	⑦　⑧
4	⑧　⑨
5	①　⑨
6	①　②
7	②　③
8	③　④
9	④　⑤

応用編

第五章　霊障と浄霊

【霊障の恐ろしさ】

最近、子供から大人まで、人間とは思えない残酷なことをする心が定められない人が増えているように感じます。

私たちは皆、霊体なのです。肉体だけではなく、魂を持っているのです。信仰心のない生活をしている人は魂のよりどころがないため、心が揺らいでしまうことがあります。揺らいだ隙間に、目には見えない不浄霊、浮遊霊、地縛霊、動物霊などの霊体が、人間の肉体を求めて集まり寄りかかってくるのです。

何の理由もなく、頭が重くなったり、身体が痛くなったり、咳き込んだり、胸が苦しくなったりする時、そして、乱暴なことをしてしまったりする時は、そのような霊体による障りであることがあります。これを「霊障」といいます。特に霊を呼び込みやすい霊媒体質の人は、霊障に要注意です。

前世の因縁や先祖の怨念などの強い霊体は、霊能者による浄化、すなわち浄霊をするしかありません。その他の弱い霊体は、霊能者に頼らなくても簡単な浄霊によって祓うことができます。お墓や病院などの「気」の悪い場所※20に出掛けた後は、可能な限り自ら浄霊をすることを心掛けましょう。

【簡単で効果的な浄霊】

・病院に入る時と出る時は、粗塩※21（以下、塩と表記）を足元にかけます。

・お風呂に入る時には、洗面器や桶に湯をくみ、一握りの塩を三回に分けて入れます。手で左回りに七回まわし頭からかけます。または、湯船にコップ一杯ぐらいの塩を入れ、左に七回まわしてから湯に浸かります。

・病気の症状がひどい時の作法です。まず、塩、砂糖、水、コップ、スプーンを用意します。コッ

※20 陰気な空気が漂っている場所、行くだけで疲れてしまうような場所。
※21 天然の塩（粗塩）は、神様が人類に与えてくださったもの。世界中の神事に使われている。

プに水を三回に分けて入れ、そこに小さじ一杯ぐらいの塩を三回に分けて入れ、スプーンで左回りに七回かき混ぜ塩を溶かします。この塩水で三回、口をすすぎます。同じ要領で今度は砂糖水を作り、五回に分けて飲みます。砂糖は白砂糖に限ります。これらの「七・五・三」の数には意味があります。「七・五・三」によって、「天の気」をいただくことができるのです。

【霊障を防ぐには】

霊障にかかりにくいお守りとして、小豆七粒、それと同量の米、さらに小豆と米を足したものと同量の塩（小豆１：米１：塩２の割合）を和紙や布の小袋に入れて持ち歩くとよいです。小豆、米、塩は邪気を払ってくれるからです。

また、霊障を防ぐには、気を悪化させる行為をしてはなりません。例えば、肝試しと称してお墓を荒らしたり、「こっくりさん」にはまったりすると、とりかえしのつかないことになります。

最近は「怠け狸」がついている人をたくさん見

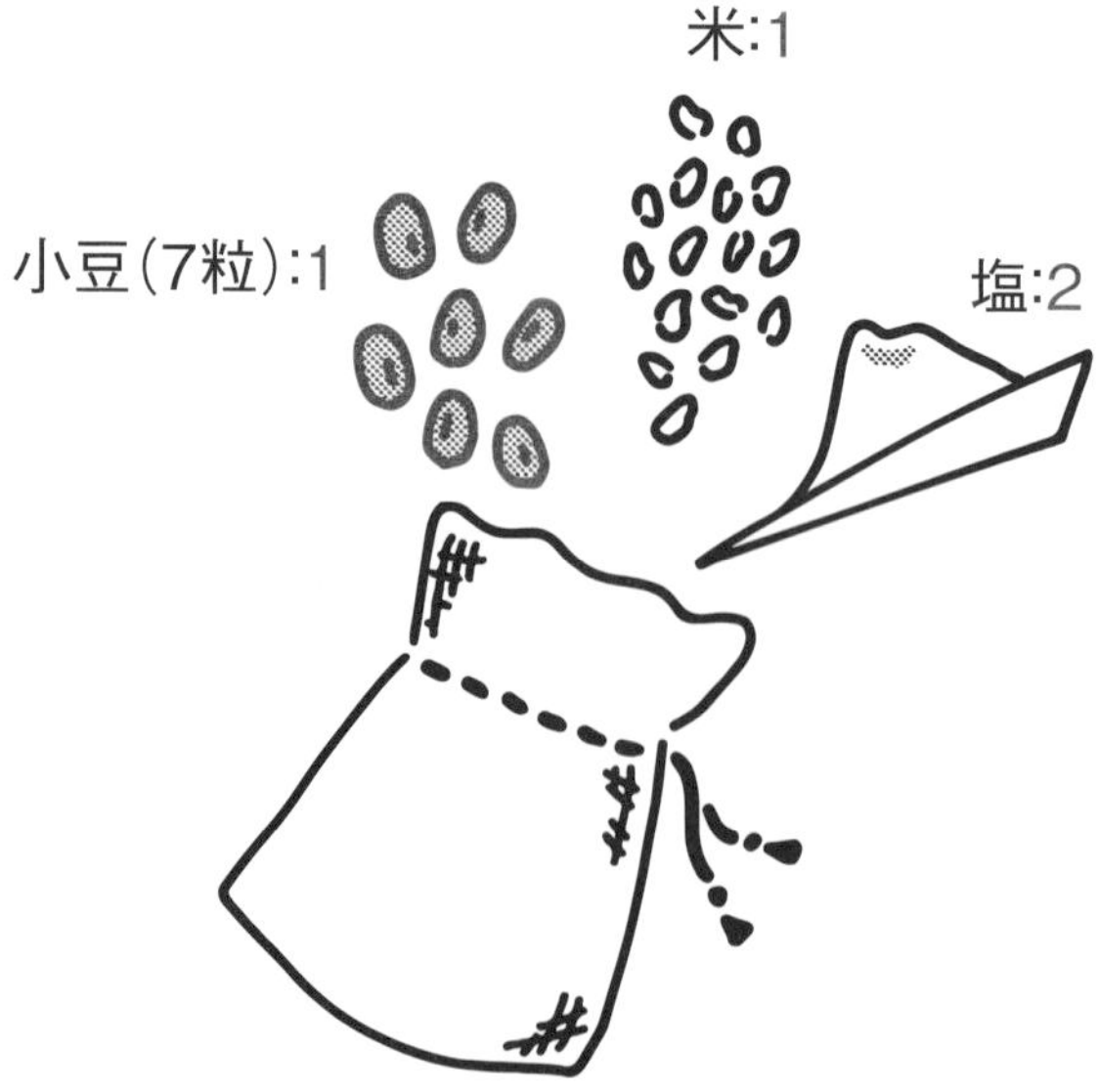

かけます。ポテトチップスを食べながら横になりテレビやスマホを見て、呼んでも眼だけで返事をするような人です。「怠け狸」が入りかけています。放っておくと狸が居座り、簡単な浄霊では取れない状態になってしまうので要注意です。

【浄霊の不思議】

私が浄霊を初めて受けたのは、四十八歳の時です。「茨城の仙人」と呼ばれた観山湖月先生に浄霊をしていただきました。

ストレスから始まった喘息の原因は霊障とのことで、浮かばれていない先祖の霊体を取り除いてくださったのです。その際、観山先生は、人は霊からの悪い影響、すなわち霊障を受けるのだとおっしゃいました。運命が落ち込む時は、霊障によることが多いとも教えていただきました。

そして、私自身の生体エネルギーの歪みを整え、心霊の治療法を学ぶようにと言われました。先生のご指導により様々な霊的な事象の基本を学ぶことになりました。

その後、霊能者を何人も紹介してくださる方が現れました。その方が、私の経営する伊豆の宿で、京都在住の日本一の浄霊を行う霊能者を呼んで勉強会をさせてほしいと言うのです。その勉強会に参加し、人間に悪い影響を与える霊体を取り除く方法、すなわち浄霊を学んだことで私の霊能が開花しました。

浄霊を受けた方は顔色が良くなり、リウマチやガンなどの病気も症状が改善したり、滞っていた仕事運が上がったりします。

強い霊体の浄化を行うことは、霊体との戦いです。何日も残像が残ってしまい、苦しい思いをしたことも度々ありました。そのような時は、強い神の光の力を魂に取り込んで、自分を高めます。

いつしか私は、人の前世が分かるようになりました。悪い前世は浄化しますが、良い前世は御霊に戻すようにします。

この本を書き始めた頃、ロシアがウクライナに戦争を仕掛けました。ロシアのプーチン大統領には、もしかするとヒトラーの霊体でもついているのではないかと思い、「かずたま占術」で鑑定してみました。すると驚いたことに両者には共通する御霊があることが分かりました。プーチン氏を浄霊することで、ウクライナに平和を取り戻して差し上げたいと切望しています。

ところで、私の知己がある霊能者に「あなたには百体の霊体がついている。祓ってあげるから百万円用意しなさい」と言われたそうです。知り合いは「理由があってついているのでしょう。そのままにしておいてください」と断りました。百体も霊がついていたら、とても身体を動かすことはできません。お金目当てにでまかせを言ったのでしょう。読者の皆様も霊能者を騙《かた》る怪しげな者に、浄霊と称して騙されることのないよう、くれぐれもご用心ください。

【浄霊を受けた三人のケース】

実際に私の浄霊を受けた三人の方のお話を紹介します。浄霊はどのような場合に必要なのかを理解いただけるでしょう。

ケース①　亡くなった母の降霊　五十一歳男性

私の母は二年前に亡くなりました。父が早くに亡くなったので、母は必死に働き、私を育ててくれました。私も結婚する余裕もないほど仕事に励み、母と二人、支え合って生きてきました。

母は八十歳を過ぎた時、病気にかかりました。病院に見舞いに行った時、ささいなことで喧嘩になり、「クソババア死ね」と言ってしまいました。一週間後、母が息を引き取りました。なぜあんなことを言ったのかと後悔し、気持ちが沈みました。私の様子を見かねた友人が、観月先生の浄霊を受けなさいと勧めてくれ、静岡県伊東市の川奈まで浄霊を受けに行きました。

母の降霊が始まりました。観月先生は、私の身体を通して母の霊を降ろし、母に語りかけました。「お母さん、あなたにミノルさんという息子さんがいますよね」。すると、霊媒の方が母の口調で喋るのです。「はい、私のミノルはとても働き者なんですよ。従業員の家族の世話までしているんですよ。優しい良い子なんですよ」。母は嬉しそうに私の自慢話を始めました。

観月先生は「あなたのミノルさんは、あなたが亡くなる前、『クソババア死ね』と言ってしまい、一週間後にあなたが亡くなったので、そのことを謝りたいと、今ここに来ているんですよ」と声をかけました。すると、母は「あーら、あの子にはいつもクソババアと言われていたから、そんなこと気にしてないわ」と言うのです。生前の母そのままの口調。思わず涙があふれ、嗚咽を抑えることができませんでした。

その後、観月先生は、母の好きな食べ物を供え、花を飾り、お経をあげて、母の霊を浄化してくれたのです。母の霊が浄化され、天界に上がっていく時、最後に母が私に言った言葉をしかと聞きました。「そんなことより、早く結婚しなさい」。母がいつも言っていた言葉。母の遺言ともなりました。浄霊を受けたことで、私の母に対する無念は消え、身も心も軽くなることができました。

ケース② 自殺者の救済 六十二歳女性

私の夫は宝石商で、バブルの頃は大儲けをしていました。しかし、バブル崩壊の後は資金繰りに困り、自ら命を絶ってしまったのです。

観月先生にお会いした時、「夫の魂を浄化しないと子供が同じように自殺しかねない」と言われ、夫の浄霊をしていただくことにしました。

観月先生は、私の身体を通して、夫の霊を降霊なさいました。

「首を吊って自殺したと聞いたけど、あなた、まだビルにぶら下がっているじゃないの！」。突然大きな声で観月先生が叫びました。「ほら、降ろしてあげるわよ。あなたを苦しめているその縄を切ってあげる。針金まで首に巻きついているじゃないの。それも切ってあげるわ。ほら切れた、降りなさい」

私は本当に驚いてしまいました。先生は、夫が建築中のビルの五階で首を吊ったことにちゃんと感応なさったのです。先生は夫に「自殺をすると深い罪になるのですよ。上に行けず、本来の寿命までその場にいなければならなくなるのですよ」と説明し、「早く上に行って修行をして、もう一度人生をやり直しなさい」と説得しました。先生は、夫の魂を浄化するために長い観音経をあげてくださいました。夫のご先祖様にも引っ張っていたき、夫はやっと天界に上がることができたのです。

観月先生はクタクタになっていました。そしてひと言、おっしゃいました。「あなたの旦那さん、太っていたのね」

ケース③　外国人の浄霊　四十五歳女性

私の夫はイギリス人です。日本語は全く話せません。私が観月先生の浄霊を受けているのを見て、夫も浄霊を受けたいと言い出しました。もちろん浄霊は日本語です。

浄霊が始まると、夫にそっくりな男性が降りてきました。「あなたにそっくりな、髪の毛がちょっと長くて痩せた方があなたの後ろについているわ」「『ここから出たい』と騒いでいるわ。出してあげましょう」。先生はそう言って、男性の霊体を「そこ」から外に出し、日本語でお経をあげました。

霊体は、夫の曽祖父でした。曽祖父は、金を扱う仕事に携わっていた大金持ちでしたが、イギリスとフランスの戦争の際、囚われ、牢屋に閉じ込められ、亡くなったのです。「そこ」すなわち牢屋から出たがっていた曽祖父を先生が救ってくださったのです。曽祖父は、自分が幸せだった時のことも知ってほしいというメッセージを残して上がっていきました。

終わってから、浄霊中の会話を私が英語で夫に説明しました。すると夫は驚き、大切に持っていた一枚の写真を見せてくれたのです。写真には彼によく似た、曽祖父が写っていました。

浄霊に、夫はカルチャーショックを受けました。人生の気づきとなった、とても良い体験だったと言ってくれました。夫の曽祖父も、もちろん日本語は分かりません。それでも日本語の浄霊で通じることができると分かりました。外国人も日本語で浄霊し、魂を救うことができるのです。

神様はあなたの近くにいらっしゃいます。

第六章　幸運を呼び込む「お清め」

「お清め」とは、古来、日本人が土地神様への礼儀として大切に受け継いできた、土地や建物を清める習慣のことです。正しい作法で行うことで、邪気を祓い、幸運やチャンスを招き入れることができます。

事故や災難、心身の不調などの嫌なことが重なる時がありませんか。実は、「土地の災い」が原因の場合があるのです。例えば、土地を整備する時に波動※22が悪い土を盛っていたり、過去にそこで戦死や自殺などで人が亡くなっていたりすると、その土地はマイナスの波動を受けてしまうのです。

最近は、建売業者が地鎮祭を行わずに家を建て、販売したりすることも多く、土地神様への礼儀を失していることがあります。

人は縁あってその土地に住み、家を建て、生活しています。嫌なことがあるからといって、その度に引っ越しをするわけにはいきません。嫌なことがふりかかった場合、土地や建物をお清めすることにより、マイナスの波動が解消されることが多いので、実践することをお勧めします。

次に詳述しますが、お清めは、基本的に塩、酒、米を使い、きちんとした作法で行います。例えば、寝室がなんとなく気持ち悪いからといって、そこだけに置き塩をしても意味がありません。作法に則ったお清めをして、身も心も清々しい日々を送りましょう。

【土地・住宅のお清め】

土地に塩を撒いたら草木が育たなくなるからいけない、と言う方もいらっしゃいますが、塩を撒くことで悪い波動を取り除くことができるのです。ただし、何度も撒くものではありません。

土地や住宅のお清めは、まず敷地五十坪に対して塩二キロ、酒（日本酒）一升、米三合を用意して、次のような作法で行います。

①洗い米を作ります。水を三回に分けてボウルに入れます。ざるに米三合を入れてボウルの水に浸けます。左回りに七回まわして「天の気」をいただきます。きれいに研がなくても構いません。

※22　人や物がかもし出している雰囲気。人に感じさせる影響。

その後、ざるを上げて米を乾かします。

②土地神様への言葉を述べます。「縁あって住まわせていただいております。土地神様、清めさせていただきます」とご挨拶します。

③塩、酒、洗い米の順番で、玄関に当たる場所から右回りに、土地の境界に沿って撒いて一周します。塩は、お相撲さんが土俵で撒くように上に高く撒きましょう。酒と米を撒く時には、「祓えたまえ、清めたまえ」「土地神様、どうぞお召し上がりくださいませ」と言いながら撒きます。

④「七カ所の締めの作法」を行います（99ページの図参照）。

「門」「玄関」「土地の四隅」「土地の真ん中と定めた場所（たいてい家の内側）」の合計七カ所を塩と酒で清めます。塩の量はそれぞれ大さじ山盛り一杯程度を、真ん中、左、右と三つに分けて置きます。家の中は皿の上ではなく直に置き、一時間ほどしたら拭きとってください。酒は、盃一杯を塩にふりかけます。家の中は少なめでもよいです。

（1）門：敷地内に、土地の内側から外に向かって真ん中、左下、右下の順で、図のように三角の形に塩を置いていきます。塩の上に酒をかけます。酒も真ん中、左下、右下の順です。

（2）玄関：ドアを背にして真ん中、左下、右下の順で、門と同様に行います。

（3）土地の四隅：右回りで行います。それぞれ内側から外に向かって、同様に真ん中、左下、右下の順です。

（4）土地の真ん中と定めた場所（家の中心ではありません）：門の方に向かって、同様に真ん中、左下、右下の順に行います。

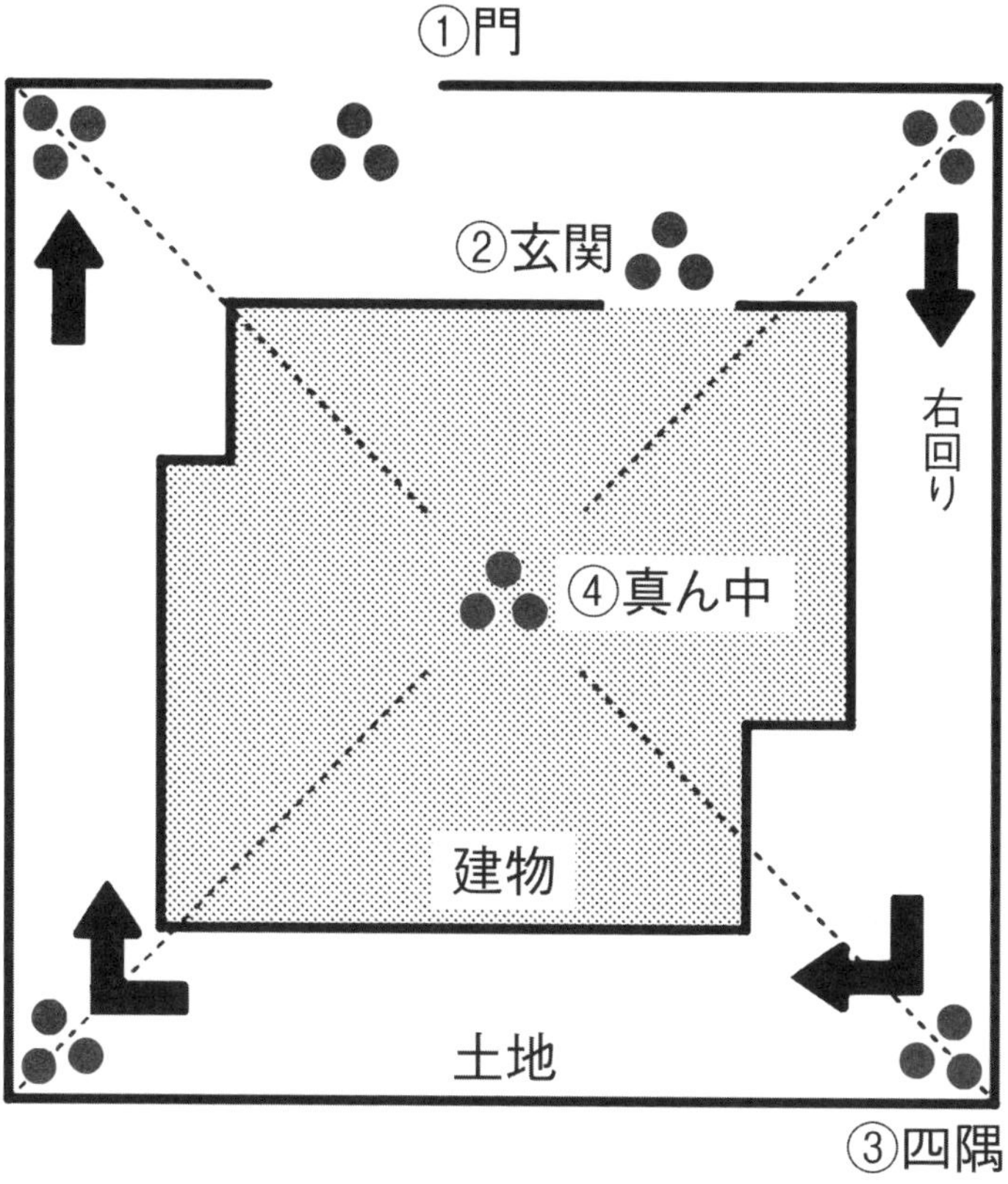

【アパートやマンションのお清め】

塩を用意して、次のように行います。

①玄関、トイレ、廊下、浴室、洗面所もすべてひと部屋と考え、清めます（101ページの図参照）。

②嫌な気を感じる場所から、大さじ山盛り一杯の塩を置いていきます。直置きはせず、小皿か小さな紙コップに入れてください。期間は一週間。それ以上置いても効果はありません。お清めに使った皿は、後で普段通りに使用して構いません。

二、三日は家の気が乱れることがありますので、ドアに身体をぶつけたり、転んだりしないように気をつけてください。

③コンセントの差し込み口の下には必ず塩を置いてください。置きにくい場所は、家具の上など高いところに置いても構いません。

④トイレは体内の不浄を落とす場所、浴室は体外の不浄を落とす場所ですので、必ず塩を置くようにします。浴室の塩は、溶けても気にする必要はありません。

⑤忌み事や揉め事があった部屋は、ほんの少しでよいのでドアの内側から外の廊下に向けて塩を撒いてください。

⑥お清めは一度行えば、何度もしなくても大丈夫です。

（●が塩を置く場所）

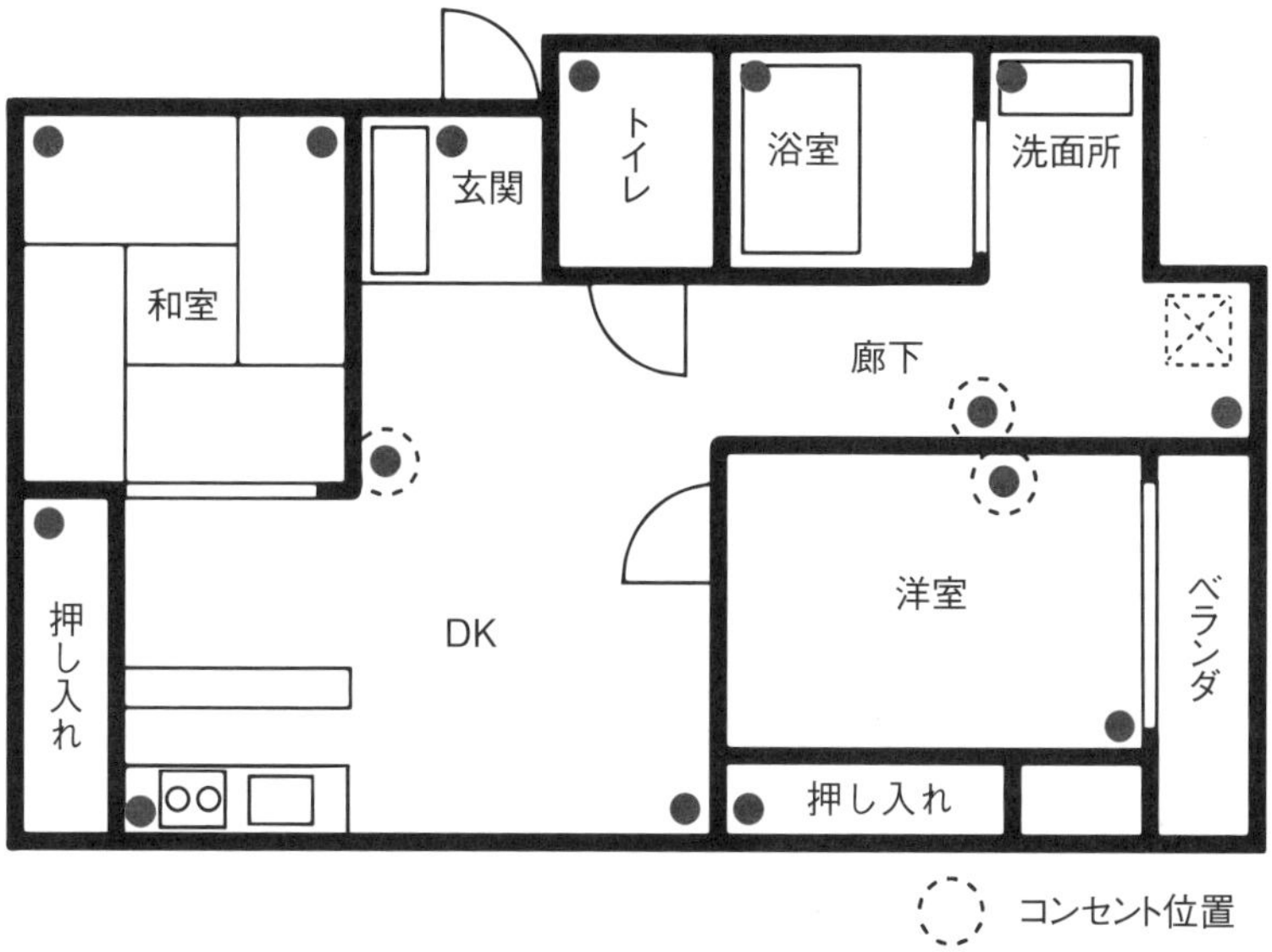

お清めを作法通りに行ったとたんに、売れなかったマンションが売れたというケースもあります。比較的簡単にできますから、気になる方は是非、試してください。

【店舗のお清め】

塩、水、酒、バケツを用意して、店舗の外と内を次のような作法でお清めします。

●店舗の外側のお清めの作法

①お客様が入ってくる道路を清めます。ごみやタバコの吸い殻などをきれいに掃き清めます。

②バケツに水を三回に分けて入れ、そこに塩をひとつかみ、三回に分けて入れます。その水を左回りに七回まわして「天の気」をいただきます。

③水をお客様が入ってくる道路や店舗の入り口に撒きます。その後、酒（一カップ程度でよい）を

撒きます。

④ ①〜③の作法を十五日おきに三回繰り返してください。

●店舗の内側のお清めの作法

①店舗の水回りの場所に約一メートル間隔で塩を置きます。その際、要らないものは整理し、きちんと片付けてからお清めをしましょう。

②トイレや物置などにも置き塩をしましょう。

③一週間経ったら、塩を水道に流します。

お店が清められると商売繁盛が期待できます。よく店の前に盛り塩が置いてありますが、「お客様を留める」意味合いの塩で、お清めとは異なります。

●すべての場所に共通する注意点

・塩を置いておく期間は一週間です。波動の悪い場所では塩が溶ける場合があります。溶けた場所には、もう一週間新しい塩を置いてください。

・使用した塩はすべて水道に流しますが、トイレに流してはなりません。

・使用した塩は、料理には絶対に使わないでください。

【家を建てる時のお清め】

家は一生に一度か二度の大きな買い物です。買う時はまず、かずたま占術で家長にとって強運となる番地を選びましょう。

土地の「気」が大切です。争い事のない土地を選びましょう。私は家相について研究しましたが、最高の家相というものはありません。強いて言えば、黄金比（長方形の縦横の長さが約五対八）の土地を選び、家も黄金比を念頭に建てることをお勧めします。注意していただきたいのは、東北の方角にトイレや水回りを作らないことです。

家を建てる時には必ず地鎮祭（「地祭り」ともいう）をしましょう。これからお世話になる土地の神様にご挨拶をし、良い生活ができるように祈るのです。

第七章　神様祀りと先祖供養

多くの日本の家庭では、ご先祖様を仏壇にお祀りしたり、伊勢の天照皇大神宮、地域の氏神様や家に関わる神様を神棚にお祀りしたりしてきました。家族の安泰や幸せを願い、日々の生活に感謝してきたのです。

可能であれば神棚を家に置くことをお勧めしています。毎日参拝に行かずとも、神棚の御札を通して自然と神様とつながり、真の自分を見つめることにもなります。

【神棚の意味】

神棚は、日本の神様をお祀りします。日本の神様は、天照大神が太陽神であるように自然の象徴であることが多く、神棚祭祀は自然への感謝と畏敬を表すものです。神棚祭祀により、日本が神話から続く歴史を持つことを知り、自然に感謝することは重要です。

神棚には、次のものをお供えします。お供え物にはそれぞれ意味が込められています。

・枯れることがない緑の象徴である「榊」
・美しく絶えることのない「水」
・天地海の神様がくださった「塩」
・命の根である「米」
・米が発酵してできた「酒」
・明るく照らす美しい「灯り」

これらが欠けることのないようにして願います。参拝に行った際に目にする、神主さんの作法を真似て、姿勢よくお祈りしましょう。

【神棚の祀り方】

①御神殿

御神殿には、三社造りと一社造りがあります。部屋の大きさ、好み、予算に合わせて選んでください。お供えは御神殿の前方に配しますから、ある程度の奥行きも必要となります。一社造りでシンプルなお供えをする場合であっても、奥行き三十チセン程度あるとよいです。また、伊勢神宮同様に総檜造りが良いとされていますが、様々な材質のものが売られています。

なお、最近は、御札のみを納める簡易なお宮や壁掛け型のお宮もありますので、お供えを置く場所を考えて選ぶとなおよいでしょう。

②神棚の設置場所

清浄なところ。家族が集まる部屋に置いてください。

東から南の方向に向けます。部屋の角には設置しないでください。

高さは、お祈りする姿勢の目線よりやや上にします。

神棚の上の階に住人がいたり、通路があり人が歩いたりする場合、紙に「天」という字を書いて、文字の上が手前になるようにして天井に貼ります。「天」の字は、神社の鳥居のように上の横棒を下より長く書いてください。マンションの最上階でも、屋上を人が歩くような場合には必要です。

「雲」と書く人がいますが、雲の上を飛行機が飛んでいるので、「雲」では不足です。

③お神札《ふだ》

神棚に置くお神札は次のものです。

・天照皇大神宮御札

天照大神は、日本の国を初めて治めることを命じられた神様です。現在は三重県の伊勢神宮に祀られ、全国の総鎮守と仰がれています。

伊勢神宮は、皇大神宮（内宮）、豊受大神宮（外宮）を中心とする日本で最も貴いお宮です。天照大神をお祀りする「内宮」は、皇室の御先祖神として尊ばれ、豊受大神をお祀りする「外宮」は、五穀豊穣、衣食住の守り神として崇められています。

天照大神のお神札は、できれば伊勢神宮、元伊勢※23など由緒ある神社にお参りしていただいてください。

・氏神神社御札

氏神様とは、住んでいる土地の鎮守の神様で、地域の土地、建物、家から毎日の生活までをお守りくださいます。

その地域で生まれた方や居住されている方、会社やお店を構える方を氏子と称します。

・崇敬神社御札

崇敬神社とは、神社本庁の定義によると「地縁や血縁的な関係以外で、個人の特別な信仰等により崇敬される神社」です。

④御札の納め方

天照皇大神宮御札、氏神神社御札、崇敬神社御札の三つを神棚に納めます。

※23　伊勢神宮に祀られている天照大神と豊受大神が今の場所に鎮座する前に、一時的に祀られた場所・神社。

一社造りの神棚の場合は、三つを重ねて納めます。その際の重ね方は、一番前が天照皇大神宮御札、次に氏神神社御札、その次に崇敬している神社の御札となります。

三社造りの場合は、真ん中に天照皇大神宮御札、右側に氏神神社御札、左側に崇敬神社御札を納めます。

一社造りの場合

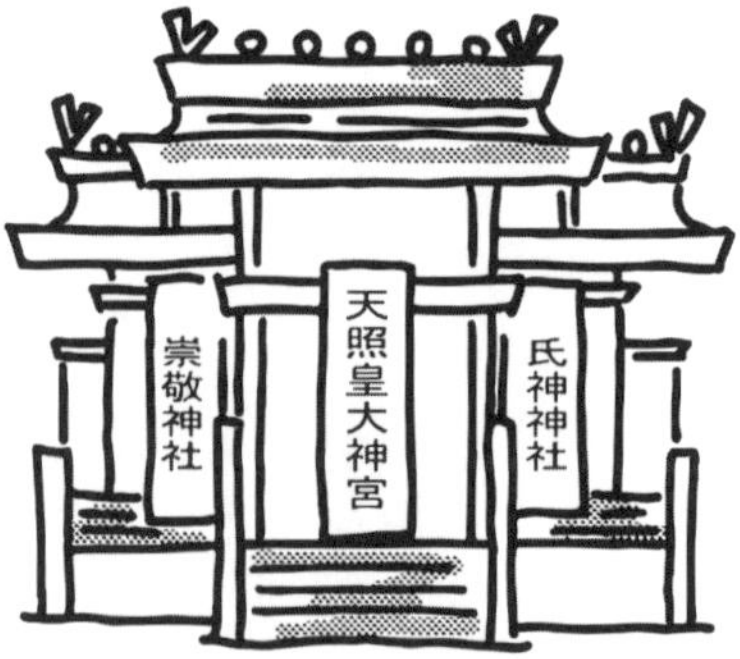

三社造りの場合

⑤しめ縄

「標縄」「注連縄」「七五三縄」とも書きます。「シメ」は、神垂（紙垂《しで》）※24をしめるという意味で、龍神様を表しています。神前または神事の場に不浄なものの侵入を禁ずる印として張る縄です。

神棚や新年の門戸に張ります。

しめ縄には種類があり、神棚には「大根しめ縄」を使います。

まず等間隔に紙垂を四枚下げ、縄は、太いほう（龍の頭となります）を向かって右にして張ります。

⑥神具

・榊立て　一対
・瓶子《へいし》（お神酒を入れる瓶）　一対
・水玉《すいぎょく》（水を入れる瓶）　一個
・平皿（米と塩を載せる皿）　二個
・灯明（ろうそく立て）　一対
・三方（水と米と塩を載せる台）三台

神具にはこの他に、真榊、御神宝、狛犬、幕、水晶などがありますが、少なくとも先に挙げたものを揃えてください。三方以外は白い磁器で揃えてください。安いものから高いものまであるので、好みと予算と相談して構いません。高級なものを揃えたからといって、ご加護が大きいということはありません。大切なのは信仰心です。

※24　しめ縄や玉串などにつけられている独特の形の紙。

⑦神具の設置の作法

神棚の神具の基本的な配置は次の要領です。榊立て、灯明で四角形を作ります。水玉、榊立てで三角形を作ります。平皿は三角形の線上に置いてください。御神殿と榊立て、水玉と灯明は同一線上に置きます。瓶子は、三角形と四角形の間に置いてください。

次に、三方を三台用意して上に半紙を敷き、それぞれ水玉、平皿に載せた米、塩を置きます。

なお、スペースの都合などで三方を三台用意できない場合には、写真のように一台で間に合わせても構いません。スペースをとらない横長の三方を使う場合は、水、米、塩を並べます。また、神具の設置についても、その状況に合わせて対応して構いませんが、不安な場合は、近くの神社の神職の方に相談してもよいでしょう。

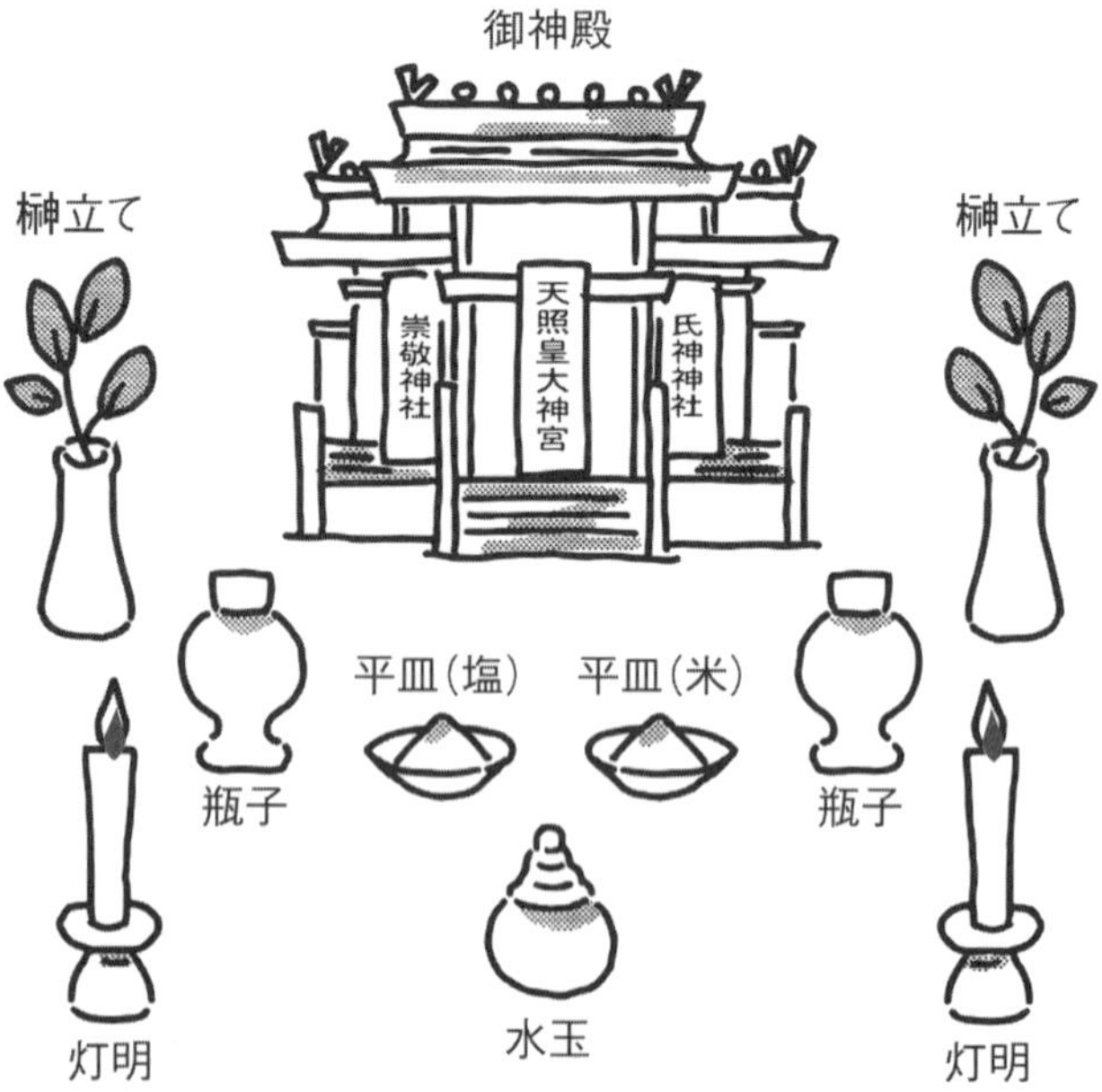

神具配置のイメージ

◉注意事項

（一）神具はすべて、塩水に通しお清めをします。榊も塩水に通します。

（二）半紙を三枚重ね、左下に一枚ずつ少しずらし、下図のように点線のところで折り曲げ、一枚目の底辺と横の辺を重ねます。三角形の頂点が二列になり、ずらしたところの右側が五段の階段、左側が三段の階段になります。これを三つ作ります。半紙の大きさは三方の大きさに合わせます。

半紙を小さくする場合は手で切ってください。はさみで切ってはいけません。

（三）折った半紙を向かって左側に五段の階段が来るように三方に載せます（下図④参照）。

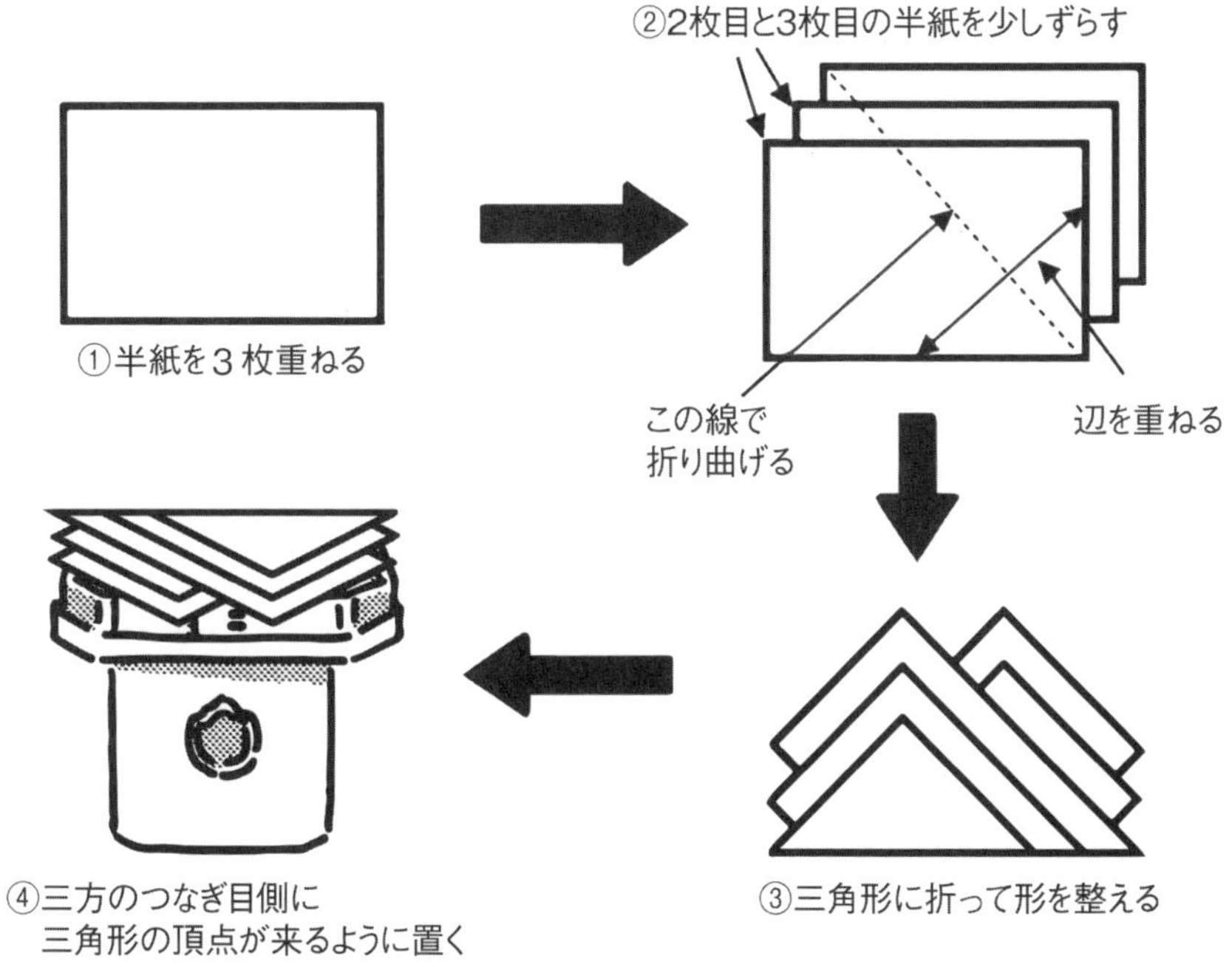

②2枚目と3枚目の半紙を少しずらす
①半紙を３枚重ねる
この線で
折り曲げる
辺を重ねる
③三角形に折って形を整える
④三方のつなぎ目側に
三角形の頂点が来るように置く

(四)神棚の御神殿より一段下がった棚の真ん中の三方の上に折った半紙を置き、半紙の上に水玉を置きます。

(五)残りの三方の上にも半紙を置き、平皿を載せます。右に米、左に塩を置きます。米は、平皿に載る量を、左回りに七回まわして水で磨き、乾いたら平皿に載せます。塩は、粗塩。平皿に適量を盛り、スプーンかへらで左回りで円錐にします。

(六)御神殿の右側は上座(神の座)に当たりますので、何も置いてはいけません。神社の御札や仏像などを置いてあるのを見かけますが、好ましくありません。神棚を設置する日の干支が、世帯主と同じ干支の場合は厄日になります。避けて設置しましょう。

【神棚への挨拶の仕方】

・朝、起きたらまず、次のように神棚の水を取り替えます

①「水をお取り替えさせていただきます」と言って、お盆に水玉を載せ、三回に分けて水を捨てます。

②初水(一番水)をコップか茶碗にとり、三回に分けて水玉に入れます。

③水玉を神棚に置き、蓋を神棚に向け少しずらして水玉の上に置きます。

・ご挨拶の前にすること

①灯明に「お明かりをつけさせていただきます」と言って、向かって右側から火をつけます。
②瓶子の蓋を開けます。

・**ご挨拶の仕方**

服装は、きちんとしたもので。ズボンにはアイロンで折り目をつけ、靴下か足袋を履きます。パジャマやトレーナーでは神様に失礼です。

①正座で深呼吸を七回して、精神統一

神棚が高いところにあったとしても、立ってご挨拶をしてはいけません。座布団を使用してもなりません。

②二礼二拍手一礼

礼をする時は三つ指（親指、人差し指、中指）をついてください。

拍手は、左手を上に、右手を少し下にずらしてください。

③合掌

合掌は、左手の親指と人差し指の間に、右手の親指と人差し指を入れ、その他の指は交互にして左手の小指が外側に来るようにしてください。左手は神様で右手が自分です。神様があなたを包んでくださる形になります。

④神様のお名前を呼ぶ

「アマテラスオオミカミ様」「イザナギノオオカミ様」「イザナミノオオカミ様」などと神棚にお祀りしている神様のお名前を唱える。

⑤祝詞（沖縄ではグイス※25）をあげる

⑥ご挨拶をする

「おはようございます。私は○○（別名を持っている人は『○○こと○○』）と申しまして、○○○（住所）に住んでおります。歳は○歳で○年（干支）生まれでございます。本日は、旧暦令和○年○月○日干支は○年、新暦令和○年○月○日でございます」。

⑦感謝の言葉を述べる

⑧お願い事をする

⑨二礼二拍手一礼

⑩灯明が消えたら瓶子に蓋をする

【帰宅時の挨拶】

外出から戻ってきたら、「無事に帰ることができました。ありがとうございます」と神棚に挨拶をします。これにより邪気などを取り除いていただきます。

その後、水玉の蓋をします。

【神棚のお掃除】

・旧暦の一日（新月）は天照様のお祭りの日、十五日（満月）は月読命様※26のお祭りの日です。ただし、満月は月によって日にちが異なります。

新月の日と満月の日には、神棚を掃除します。御神殿の扉を開けて、すべてのお供え物を取り替えます。榊は、元気であれば新しいものに替えなくてもよいですが、新しいものに替える場合は、必ず塩水に通してからお供えください。

・米は食紅を入れて炊き、あわいピンクになったご飯を三つの皿に盛って、お供えしてください。

・夕方には扉を閉めてください。

・普段の日は、水を取り替えるだけで構いません。

・お供え物に使った米、塩、お神酒は料理に使ってください。半紙、マッチ、榊は塩をかけて袋にまとめます。捨てる時はゴミ袋の一番上に載せず中間に入れてください。

※25　沖縄の拝みで唱える言葉。
※26　日本神話に出てくる月の神様。

【大切な先祖供養】

神様からご先祖様にお通しいただき、ご先祖様に願い事を叶えていただくための方法です。特別な願い事がなくとも、日頃の感謝をお伝えすることで、より一層ご先祖様のご加護をいただけるようになります。お墓だけではなく、ご仏壇でも行うことができます。

心を込めてお参りをしましょう。ご先祖様には、今までの供養の足りなさをお詫びしたうえでお願い事をします。ご先祖様は必ず願いを聞いてくださいます。

願いが叶ったら、必ずお礼のお参りをしてください。その時は、別のお願い事はせずにお礼だけするようにしましょう。

墓には「墓相」というものがあります。欠けてしまった墓石をそのままにしていたり、供養塔を正しい位置に置かなかったりすると、その家に病人が出たり、家を継ぐべき人が継げなくなったりといった災禍が出る場合があります。

【ご先祖様へおつなぎいただくお墓参りの仕方】

お墓のお供えの位置は117ページの図のようにします。

お墓参りは次の順序で行います。

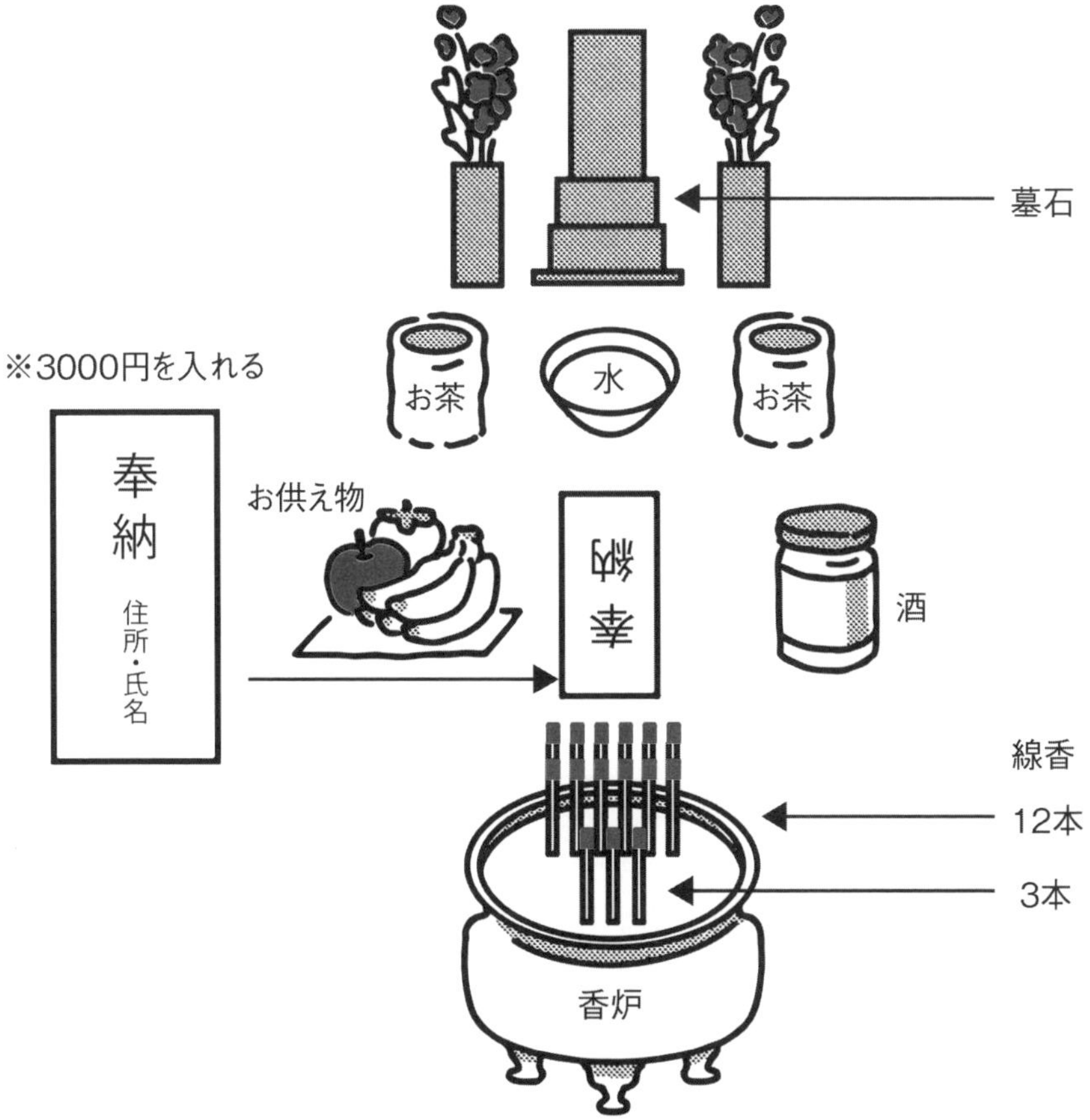
墓石
※3000円を入れる
お茶
水
お茶
奉
納
住所・氏名
お供え物
奉納
酒
線香
12本
3本
香炉

①お墓周りの掃除や草取りをして、新しいタオルを濡らし墓石を隅々まで拭きます。水を直接かけると墓石にひびが入る恐れがありますので、タオルで拭くようにします。
②花を供えます。菊が代表的ですが、それ以外ですと毒性や棘がある花を避けて季節の花をお供えしてください。
③墓石の前の中央に水、両脇にお茶を供えます。
④水とお茶の手前左側にお供え物（食物）、右側に酒、中央に「奉納」と書いた封筒を供えます。封筒は必ず、白の無地のものを使います。お参りする人数分を用意し、それぞれの封筒の表に「奉納」と大きく書き、その下に住所と氏名を書きます。中に三千円（千円札三枚）を入れます。
⑤十二本の線香に火をつけ、香炉に立てます。通常の線香の場合は、十二本を丸くまとめて立ててください。沖縄の線香の場合は、六本組みの線香を二枚合わせ、平らな面（表）を自分に向けて立てます。
⑥手を合わせ、左手の親指と人差し指の間に右手の親指と人差し指を置き、他の指は交互に組みます。そして、「御天《てん》の十二支の神様、地の十二支の神様、〇〇家のご先祖様におつなぎくださいませ」と唱えます。
⑦新たに三本の線香に火をつけ、十二本の線香の手前に立てます。⑥と同様に手を合わせ、「天地《てんち》海《うみ》、火《ひ》水《みず》空《くう》気《き》、三神《さんじん》の神様、〇〇家のご先祖様におつなぎくださいませ」と唱えます。

⑧通常の合掌（手のひらを合わせる）をして、「本日は西暦（または令和）○○○○年○月○日、旧暦では西暦○○○○年○月○日、干支（その日の干支）は○○でございます」と唱えます。

⑨最後にお墓に入った直系の男子の名前を言って、自己紹介をします。

例えば、お墓に入っている最近亡くなった直系男子が祖父の山田一郎、お参りしているのが孫の山田優子、優子の父が山田次郎の場合は、次のように述べます（氏名などは仮です）。

「私の祖父は、山田一郎と申します」「私の父は、一郎の長男で山田次郎と申しまして、昭和五十年卯年生まれ、満四十七歳でございます」「私は次郎の次女で山田優子と申しまして、平成十二年辰年生まれ満二十二歳でございます」

・嫁ぎ先のお墓参りの場合には、「私は○○の次男の○○（夫の名前）のむすび妻で○○（氏名）と申しまして、○○（干支）年生まれ○○歳でございます」と述べます。

・婿養子の場合は、「○○（妻の名前）のくさびで○○と申しまして……」となります。

⑩お礼を述べます。

「ご先祖様、ご供養申し上げます。私がこうして何事もなく無事に生活できますのも、尊く、輝かしく、素晴らしいお力のある○○家のご先祖様のおかげでございます。ありがとうございます」

「普段の供養の足りないことを、深く深くお詫びいたします。申し訳ございませんでした」

⑪お願い事を述べます。

「どうかお力添えくださいませ。よろしくお願い申し上げます」

「○○家の縁のある者たちが健やかでありますように、よろしくお願い申し上げます」

「○○家（父方）のご先祖様、○○家（母方）のご先祖様、和合をとってくださいませ。自分の子孫繁栄をさせてくださって、お守りくださいませ」

⑫ご真言または般若心経を唱えます。

お墓参りの際は、次の点に注意してください。

・封筒に入れて奉納したお金は、ご先祖様に差し上げたお金ですから、自分の家のために使ってはいけません。次回お参りする時の、線香、ろうそく、花などの代金やお墓参りの交通費にあてるのがよいでしょう。また、一年に二回以上お墓参りをする場合は、お金の奉納は年一回で構いません。

・少なくとも線香が三分の一になるまでは、必ずお墓の前にいましょう。

・お茶、水、酒はお墓の周りに撒きます。禁止されている場合もあるので確認してください。

・お供え物は後で食べます。

これらは、神様への祈りを通して、ご先祖様に通じる作法です。このお参りをすると、不思議なことが始まります。例えば、父方のお墓参りの後、夢に母方のご先祖様が出てきて、「私にも三千円おくれ」と言ったり、お供えしたものと同じものを人からプレゼントされたり……。また、鬱気味だった家族が元気になったり、財産相続で揉めていた兄弟が仲良くなったり、と身内に関する悩み事が必ず良い方向に行くようになります。

【ご先祖様へおつなぎいただくご仏壇のお参りの仕方】

お参りの仕方は、お墓と同様にしてください。

ご仏壇のお供え物の位置は図を参照してください。

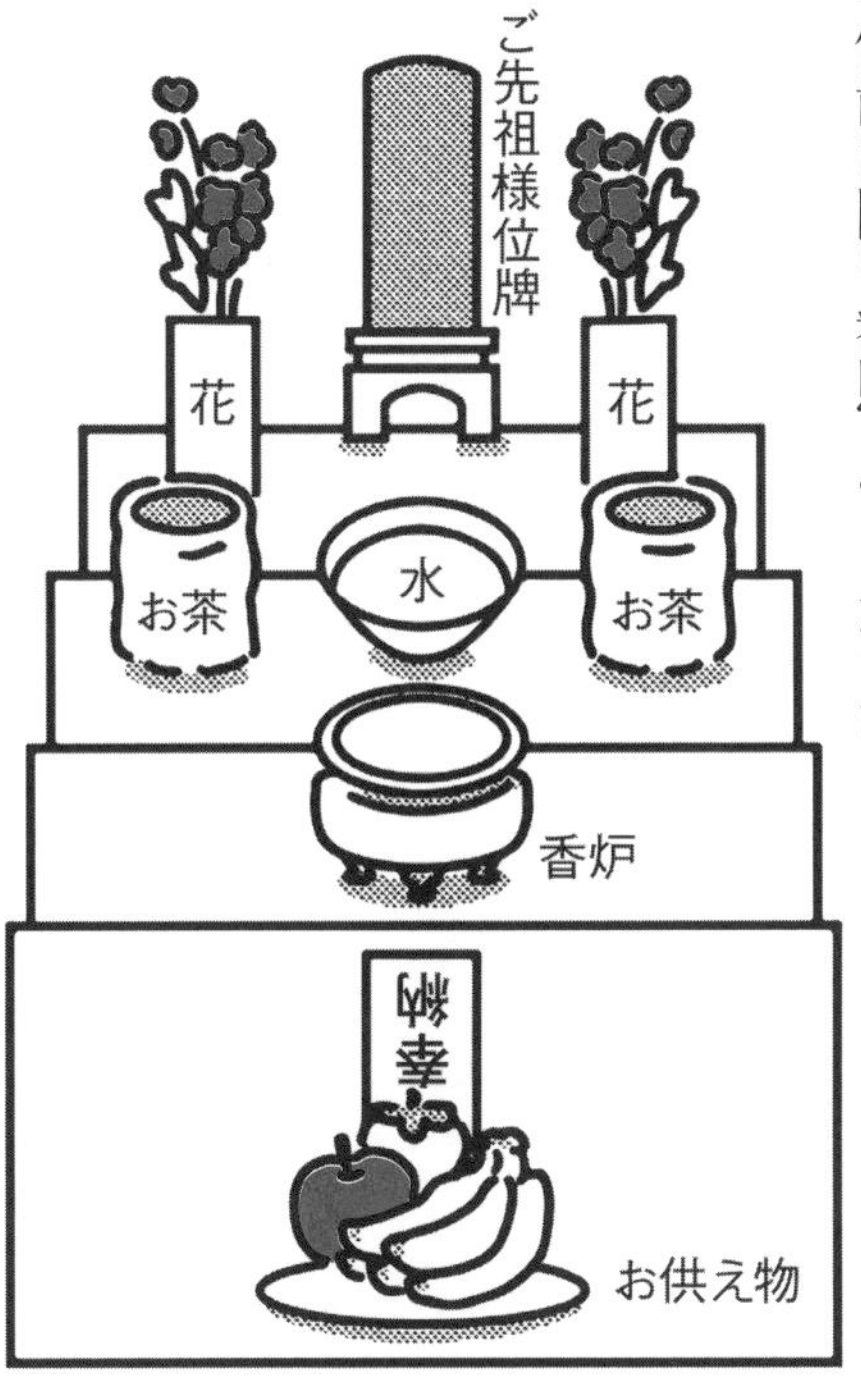

ご仏壇のお参りは以下の点に注意してください。

・聖観音像や仏像は、位牌の段に向かって右側に置きます。

・花は位牌の下の段に置いてください。この段には花だけ置くようにします。花の向きはご先祖様からも見えるように少し内側に向けて飾ります。

・白いご飯をお供えするのは、亡くなられてから四十九日までです。その間、毎日お供えしてください。その後は必要ありません。

・命日には、故人が好きだった食べ物や飲み物などをお供えしましょう。その方に通じることができます。

・春のお彼岸には「ぼた餅※27」、秋のお彼岸には「おはぎ※28」をお供えします。

・一年に一度は、香炉の灰を取り替えて整えます。線香が立たないほど硬くしてはいけません。

香炉の灰の取り替えの作法は次の図を参考にしてください。

※27 一般的にあんこが中で、新芽の意味がある。

※28 一般的に外があんこで、紅葉の意味がある。

香炉の灰の交換

① 香炉の中の一番上の灰（新しい灰）を平らなスプーンで３回に分けてすくい、右の半紙に置きます。
半紙に灰を置く時は、スプーンのくぼみは香炉側に返して置くようにします。

② その下の古い灰を３回に分けて左の半紙に取り出します。
この時、スプーンのくぼみはは香炉と反対側に返して灰を置くようにします。

③ 香炉の中の残りの灰をスプーンで柔らかくし、山形に整えます。

④ 初めに右の半紙に取り出した灰を③の上に戻します。

⑤ 香炉を仏壇に戻します。

⑥ ②で取り出した古い灰は、植木鉢に撒くなど、土に戻します。

母の供養

私の母は、八十八歳の時に大ケガをし、大手術を受けることになりました。手術の前、母が亡くなった後の始末について相談しました。

「お母さん、もし亡くなったら、その後も私たちがつながっていることを証明してほしいの」と頼んでみました。母は「分かった、やってみるわ」と応えてくれました。

手術は成功し、母は元気に歩けるようになりました。九十歳を過ぎて体調を崩したものの、延命の秘儀を続けた結果、九十四歳の天寿を全うするまで頑張ってくれました。

母の葬儀を終えてから、母の里でもある伊豆・川奈の自宅で親しい人を招いてお別れ会を開催しました。皆のお焼香が終わり、最後に私がお経を唱えて母を送りました。参加してくれた方が写してくださった写真には、美しい霊光が写っていました。紛れもなく母の霊の光です。

翌年の法事では、お墓にトマトなど母の好物をお供えしました。兄、私、弟の祈りが終わった瞬間、大きなトマトが、まるで電流が流れたかのようにピッと動いたのです。亡くなっても好物をお供えしてあげますよ、という約束を守ったことを喜んでくれたのでしょうか。それとも、子供たちが集まってくれたのが嬉しいということを伝えてくれたのでしょうか。

母はこうして、亡くなった後も私たちとつながっているということを証明し、約束を果たしてくれたのです。

しかし、七回忌を過ぎてからは頻繁に来ていた母のメッセージが全くなくなってしまいました。「お母さん、ぜんぜん来てくれないのね」と呼びかけてみると、「行かなければいけないところがたくさんあって忙しいのよ」と母。あの世でも、楽しく、忙しくしている様子を知り、嬉しく思いました。

ところで、人にも賞味期限があります。賞味期限をどれだけ長くして生きるか。「死にたい、死にたい」とばかり言っていると、運が落ちた状態で生きていくことになります。人は、それぞれの人生を送りますが、亡くなる時の心の状態がとても大事なのです。戦争で亡くなった人たちや、恨みを抱いて命を落とした人たちは、百年経っても天に上がれず、そこに留まっている人もいるのです。

「良い人生だった」と、心からありがとうと感謝して逝くことが大切なのです。

第八章　「人」に関する悩みに打ち克つ

人間関係ほど、社会生活の中で喜びや幸せをもたらしてくれるものはない一方、大きな悩みや苦痛の種になるものもないでしょう。「人」に関する悩みは、自分の力だけで何ともし難い面があります。そこで神様の力をお借りして、より良い人間関係を築くためのヒントをお伝えします。神様の力をお借りすることを、私は神様に〝寄り道〟していただくことだと考えております。

【縁結び】

結婚相手を探したい、または今お付き合いしている方と結ばれたい場合の作法です。まず、自分の父方と母方のお墓参りをします。お墓参りの作法は、本書116ページで確認してください。

「ご先祖様、ご供養に参りました。本日はお願いがございます。私はまもなく○歳になります。

結婚がしたいのです。良い方と巡り合わせてください。子孫繁栄させてください」と祈ります。

その後、北陸の一宮である白山比咩《しらやまひめ》神社※29に良縁祈願のお参りをします。ご祭神の菊理媛尊《くくりひめのみこと》様はご縁をつないでくださる神様です。

ここで言う「良縁」とは結婚だけではありません。私はこれから結婚する年齢ではありませんが、定期的に白山比咩神社にお参りしています。おかげで、北陸の方々とご縁がつながることがとても多くなりました。実のところ私の相談者の一割以上は北陸の方です。

【結婚したい女性へ】

私自身の結婚生活は、お金やDV（家庭内暴力）に苦しみ、破局しました。決して成功といえるものではなかったのですが、その後、多くの方のお話を聞いたり、お弟子さんたちと勉強したりすることを通じて、私なりの女性の結婚像が見えてきました。それは、二十代は「恋愛」、三十代は「努力」、四十代は「忍耐」、五十代は「あきらめ」、六十代は「感謝」というものです。あなたの結婚はそれぞれの年代でどうでしたでしょうか。

どの年代でも喧嘩ばかりしている夫婦は、来世でも会うことになるのでご注意ください。

※29　石川、福井、岐阜の三県にまたがり高くそびえる白山（はくさん）は、古くから霊山信仰の聖地。石川県白山市にあり、霊峰白山をご神体とする全国白山神社の総本社。

女性は、清潔に、素直に、華やかに、そして好奇心強く生きることが重要だと考えています。加えて、女性は三つの「股」をきれいにすると道が開けるそうです。耳の後ろ、股、足の指の間です。三島由紀夫の小説『宴のあと』のモデルとなった高級料亭「般若苑」の女将・畔上輝井の言葉といわれています。当たっていると思います。

ここで相談いただいた静岡県の方の興味深い体験談を紹介します。

驚きの偶然～田中のぞみ

私が観月先生とご縁をいただいたのは三十八歳の時。当時独身でした。先生に「私は結婚できますか?」とお聞きしますと、「犬と一緒に寝ていてはダメよ」「今、結婚しないと五十過ぎになるわよ。白山にお参りに行きなさい」と言われました。驚いたことに、私が犬と毎晩一緒に寝ていたことを先生は指摘なさったのです。

先祖供養を済ませ、良縁をいただくため、石川県の白山比咩神社にご祈祷に行きました。七五三詣のシーズンで、神主さんが順に祈祷する人の名前を呼んでおられます。「のぞみさん」と呼ばれたので、私のことだと思ったら、七五三詣に来ていた「杉山のぞみさん」でした。

お参りから一年後、私は結婚して姓が田中から杉山になりました。「杉山のぞみ」となったのです。偶然ではありますが、白山の神様は私が結婚するお相手の名字を教えてくれたのだと思いました。

【子宝を授かるには】

政府が発表した人口動態統計に関するニュースを見て、私は驚きを禁じえませんでした。二〇二二年の我が国の出生数は、前年より三万人近く減って約八十一万人だったとのことです。五十年前の一九七二年の出生数は二百万人を超えていましたから、半減どころか三分の一に転げ落ちる勢いです。少子化に歯止めがかからない日本の今後が心配でなりません。

一方、子供が欲しくて仕方がないのに、なかなか恵まれない方もおられます。中には、高額な不妊治療を選択される方も多いようです。不妊治療を続けていても子宝に恵まれない、と相談に来られるカップルがいます。私はそのカップルに、いったん不妊治療をお休みしていただきます。

現在の住まいから真北の方位に引っ越すことは、子作りに効果があるので、お勧めします。それだけでは充分ではないので、箱根神社の木花咲耶姫様にカップルでお参りし、子供を授かるご祈祷を受けていただきます。

ご祈祷を受けた後は、箱根の温泉宿に泊まり、二人でゆっくりお湯に浸かり、美味しいお食事を楽しみ、仲良く過ごしましょう。

ただし、夫婦の営みは、その夜ではなく翌朝にします。お参りした当日はゆっくり過ごすことが大事なのです。

このようにして、私の周りではたくさんのカップルが子宝に恵まれました。双子のお子さんが生まれた方もいらっしゃいます。

箱根神社へのお参りは、かずたま占術に従って良い月、良い日を選びますと、なお良いでしょう。

【子宝を授かったら】

子宝に恵まれたら、神様に無事生まれてきたことを報告しお礼を申し上げ、健やかな成長をお願いするお宮参りを忘れてはなりません。その後も、「七五三」「成人式」の節目にも神様にお参りをし、報告とお礼をしましょう。

もうひとつ、私の子育ての極意です。「乳飲み子は肌を離すな」「幼子は手を離すな」「少年は目を離すな」「大人になった子供は愛をもって見守れ」です。

また、子供を上手に叱ることです。子供は七割褒めて、三割叱るのが良い子に育てる秘訣です。

【子供の名前のつけ方】

姓名判断では、子供が生まれる前に名前をつける場合があります。

私が行う「かずたま占術」では、子供が生まれた誕生日が極めて重要です。従って、生まれた後に名前をつけることを強くお勧めしています。

かずたま占術では、子供の誕生日に合った良い名前をつけます。名前が複雑すぎると、複雑な人生となり、案外と成功しないものです。複雑な漢字は使わず、形霊《かただま》※30を見て、美しい名前をつけましょう。名前を声に出して呼んだ時の音霊《おとだま》※31も大切です。

最後に、子供につけた名前を半紙に大きく書き、手をかざし、気持ちの良い気を感じるかを確かめましょう。

【水子供養】

様々な理由で、この世に生を受けることのできなかった子供たちを、私たちは通常、「水子《みずこ》さん」と呼んでいます。

実は、そのような子供たちは、この呼び名を大変嫌がっています。

生まれたばかりの子供を産子《うぶご》といいます。これに対して、「産未可子《うぶみかご》」とは、産子になれなかっ

※30　漢字の形に宿っている霊。
※31　音に宿っている霊。

た子供という意味です。「水子さん」ではなく「産未可子さま」と呼ぶようにしましょう。

産未可子さまをきちんとご供養することで、あなたの思いを伝えることができます。

例えば、このようなことがありました。二十数年前、授かった子を泣く泣く産未可子さまにしてしまった女性がいました。私のところに来られたので、「育ててあげられなくて、ごめんなさいね。あなたに逢いたかった。二十年後に逢いましょう。橋のたもとで……」との彼女の思いを産未可子さまに伝え、供養しました。

その後、彼女は二人の娘に恵まれました。長女はフランス人と結婚し、子供を産みました。彼女は、孫に会うため、初めて海外へ。待ち合わせの橋で待っていると、長女がベビーカーに幼子を乗せてやってきました。その子と目が合った瞬間、ひらめいたのです。「この子はあの時の私の産未可子さま。こんなに近くに生まれてきてくれた」。ご供養の時に伝えた、母親の思いが通じたのです。

【産未可子さまの供養の仕方】

ご供養すると、心に引っかかっていたその経験がすっきりとします。いわゆる〝水子のたたり〟などは起きません。ご供養は、お寺のお坊さんに頼むのもよいですが、親が供養してあげることが一番です。産未可子さまに来世を促す祈りとなるのです。

観音様（聖観音様）から神様におつなぎいただき、産未可子さまをご供養します。作法は次の通りです。
①産未可子さまの人数分のコップを用意します。
②人肌に温めた牛乳を、コップの三分の二程度入れます。
③コップをお盆などに載せて、タンスの上など、少し高めのところに置きます。ご仏壇の中には入れません。
「私の産未可子さま、せっかく私の身体に宿ってくれたのに、外に出してあげられなくてごめんなさい。どうしてもあの時は、あなたを育ててあげられなかったの。許してくださいね」と声に出してお祈りします。
④牛乳の入ったコップは四時間以上お供えした後、お盆ごと下げます。
以上の供養を三日間続けます。牛乳はその都度入れ替えましょう。牛乳を捨てる時には、塩を入れてお清めして水道に流します。飲んではいけません。
⑤三日目は、③と同じ言葉で詫びたあと、次のように声に出して祈ります。
「あなた（あなたたち）は、あの世での修行はいりません。すぐに神様のみもとへ戻ることができます。今度は、健康で幸せな仲の良い夫婦のもとに生まれてきてくださいね」。あなたの思いを言葉にして伝えましょう。

最後に、観音様のご真言「念彼《ねんぴ》観音力、念彼観音力」と唱えます。

【人と縁を切りたい】

私の結婚は、ストーカーの夫から逃げ回る日々でした。どうしたら揉めずに別れられるだろうかとばかり考えていました。そんな時に霊能者から教えていただいた縁切りの方法を披露します。

まず、自宅から南の方位にある一番近い神社に縁切りのお参りをします。「良い形で縁が切れますように」と祈るのです。

七日後、今度は自宅から一番遠くにある南の方位の神社にお参りをします。行ける限りの遠方で構いません。その神社では砂を買って帰ります。多くの神社で「清め砂」が売られています。

そして、縁を切りたい相手との話し合いの時、相手と自分の間にその砂をそっと撒くのです。

私の場合、信じられないことに、あれほど暴力的で執念深い夫との縁を、たった一度の裁判所の調停で切ることができました。

一年後、砂をいただいた鎌倉の神社にお礼参りに行きました。一度しかお参りをしたことがないにもかかわらず、宮司さんは、「一年ほど前にいらっしゃいましたね」とおっしゃいました。私は驚き、「はい、その時のお礼参りにうかがいました」とお伝えすると、「ではこちらに」と特別な神殿でご祈祷をあげてくださったのです。

なお、身内の争いごとで折り合いが悪いからと、神様に縁切りをお願いしてはなりません。身内の争いごとは、ご先祖様のお墓参りで親族同士の和合を祈ります。何年も疎遠であったとしても、ご先祖様にお願いすると、いつの間にか元に戻る場合もあるのです。

【行方不明の人を見つける秘儀】

死ぬと言って家を飛び出した人、ふらっと出かけたまま戻ってこない人、借金取りから逃げた人、魔がさしたように突然、行方不明になってしまった人……皆さんの周りにそのような人がいなければ幸いですが、もしいたとすれば、とても心配です。ご家族ともなれば、それこそ寝食を忘れて、あちこち手掛かりを探すことでしょう。

何らかの理由で姿を消した方々を、必ず助けられるかは分かりません。しかし、戻ってこさせる方法はあります。神様のお力をお借りして九日間のお参りをする秘儀「**心願成就の作法**」です。

この秘儀は、宇宙神への祈りから始めます。その神様は、大宇宙御貴主愛様《だいうちゅううかたがなし》です。

心願成就の作法による行方不明者探しは次のようにします。

①用意するもの

・半紙

半紙に、行方不明の人の住所、氏名、生年月日、干支、年齢を書きます。別の半紙三枚で階段を作り（111ジペー参照）、神様に見ていただくように置きます。

三日間、名前を書いた半紙を神様の前に置いてください。四日目以降は、それを別の半紙に包んで大事な場所にしまっておいてください。

・線香

平らな沖縄の線香（写真下）を使います。

初日は、十二本（六本を二つ）、三本（三本を一つ）、九本（三本を三つ）、七本（二本を二つ、三本を一つ）、十七本（三本を五つ、二本を一つ）を平らな面（表）を自分に向けて香炉に立てます（下左図参照）。

二日目から八日目までは十二本、三本、九本を供えます。

最後の九日目は初日と同じく、十二本、三本、九本、七本、十七本を供えます。十日目以降も十二本、三本を供え、行方不明の人が戻ってくるまで祈りましょう。

線香に火をつけるのに、灯明の火を使ってはいけません。別にろうそくを用意してつけましょう。十二本と

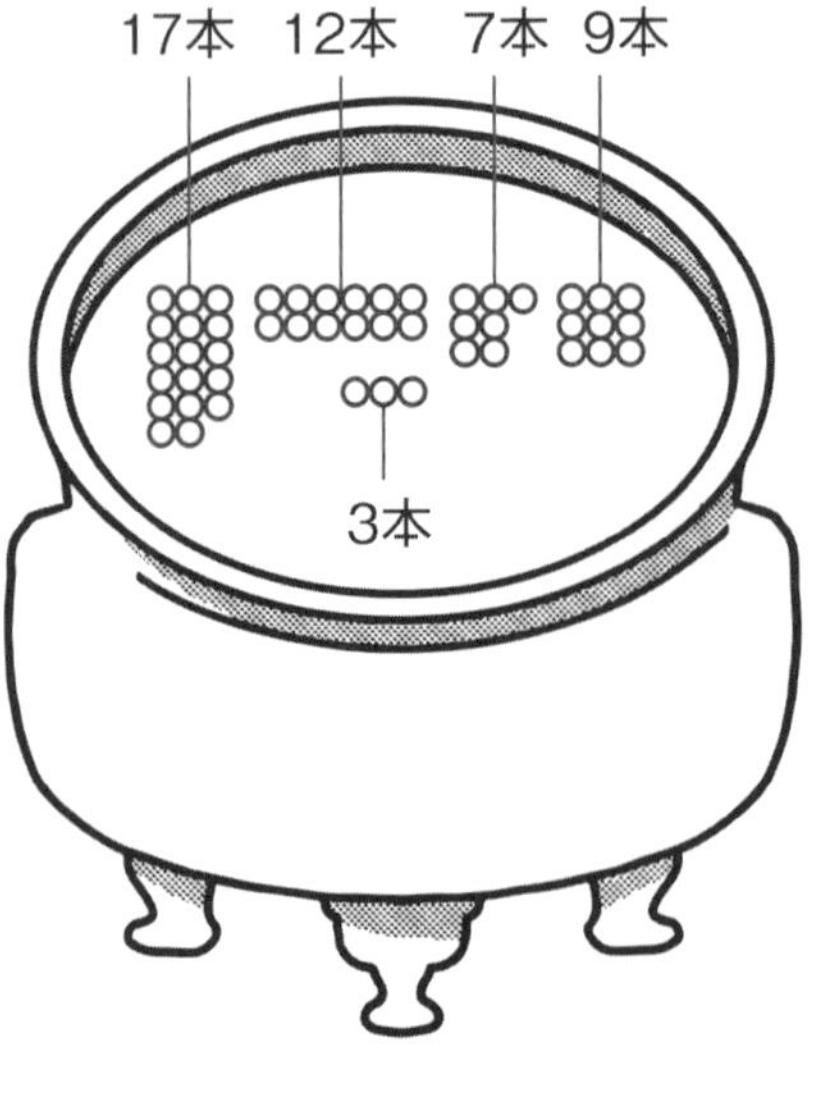

三本は一緒に火をつけます。

②祈り

まず、大宇宙御貴主愛様に呼びかけ、火之大神様《ひのおおかみ》へおつなぎくださいと申し上げます。具体的には次のようになります。

「大宇宙御貴主愛様、火之大神様へおつなぎくださいませ。火之大神様、火之大神様、火之大神様。〇〇が行方不明になりました。一日も早く家に戻したい。どうぞ、土地神様、氏神様、本人の守護神様、守護霊様におつなぎくださいまして〇〇が帰ってきますようお願い申し上げます」

③お供え

七日間、行方不明者の好物をお供えします。いわゆる「陰膳」です。毎日同じものを作ります。玄関を清め、神棚の灯明をつけましょう。

④神様へのお礼

この秘儀「心願成就の作法」を九日間続けると、三十日くらいで行方不明者の情報が入ってきます。何らかの結果が出ましたら、神様へのお礼をしましょう。

「心願成就の作法」は、人間の寿命を延ばしたり、難病の人を良い状態に向かわせたりなど、様々な心願を叶えたい場合にも活用することができます。丁寧にすると必ず結果が出ます。

【人の罪と神様】

人間関係の中では、罪を犯してしまうことがあります。
罪には三種類あります。「殺す罪」「犯す罪」「盗む罪」です。
殺す罪は、他人を殺すこともそうですが、自殺も含まれます。
犯す罪は、人の魂をいじめ、心を傷つけることです。
盗む罪は、お金を盗むことはもちろん、借金を返さないのも盗む罪になります。

これらの罪を犯すと、いずれも自分の子孫に同じことが起きます。
例えば、自殺をすると子孫に同じことが起きます。自殺した人は本来の寿命分だけ苦しみがその場に残るのです。盗む罪を犯すと子供が人の借金の保証人になり財産を失うなど、カルマすなわち因果応報の宿命がふりかかるのです。このようなカルマを絶つためには、日頃から神様を敬い、お祈りなど神事をすることが必要となるのです。

番外編 ペットのかずたま

自分の命の数とペットのかずたまが一緒だと相性が良く、愛情深く共に暮らして行けます。

ペットのかずたま		
かずたま	代表的犬種	代表的猫種
①	トイプードル	シャルトリュー
	ボーダーコリー	日本猫
②	ラブラドールレトリーバー	コラット
	バセットハウンド	バーミーズ
③	ミニチュアダックスフンド	ブリティッシュショートヘア
	柴犬	ヒマラヤン
④	プードル	トンキニーズ
	ミニチュアピンシャー	ボンベイ
⑤	ヨークシャーテリア	アビシニアン
	パピヨン	ベンガル
⑥	ゴールデンレトリーバー	スコティッシュフォールド
	秋田犬	ラグドール
⑦	ポメラニアン	シンガプーラ
	イングリッシュコッカ―スパニエル	スフィンクス
⑧	チワワ	メインクーン
	シベリアンハスキー	シャム
⑨	ミニチュアシュナウザー	アメリカンショートヘア
	シェットランドシープドッグ	ターキッシュアンゴラ

*英名をもとにアルファベットで導き出しています

第九章　病と闘う

神様は、病気の人を救ってくださいます。ただ、神様や霊能者に頼ろうとする前に、まずは自分の性格や振る舞いが病気のリスクに結びついていないかを認識することがとても大切です。そこで私は、病気のリスクを次のような歌にして、忘れぬよう心掛けております。

カッカ、カッカは、くも膜下
怒鳴っていると、喉やられ
ものを言えぬと、胸の病
金の苦労は、心臓病
頑固な人は、ガンになり

自分に甘いと、糖尿病
嫉妬深いと、股関節
夫に不満は、婦人科系
浮気男は、前立腺
顔がむくむと、認知症

この歌を知己のお医者様に披露したら、「全くその通りです」と太鼓判を押してくださいました。おかげさまで、もうすぐ八十歳の私ですが、日々元気に過ごしております。

ところで、歌に詠んだような気質とは関係がありませんが、他にも注意すべきことがあります。例えば、冬場にお風呂場で亡くなる方が多くおられます。そういった方の家のお墓の中は、なぜだか水浸しになっていることが多いのです。お墓をきちんと守ることは、実は現世に生きる家族の身体を守ることにつながるのです。

【命の数で分かる注意すべき病】

かずたま占術で導き出された命の数ごとに注意すべき疾患は、次の通りです。是非、参考にしてご自身の健康状況を確認してください。

・命の数1　泌尿器系、婦人科系の疾患
・命の数2　消化器系、皮膚科系の疾患
・命の数3　神経系、呼吸器系の疾患
・命の数4　消化器系、呼吸器系の疾患
・命の数5　ガンなど腫瘍系の疾患
・命の数6　脳、循環器系の疾患
・命の数7　口腔・咽頭系、歯科系の疾患
・命の数8　骨や筋肉、関節など運動機能系の疾患
・命の数9　循環器系、眼科系の疾患

【快気願いの作法】

病気リスクを回避できず、患ってしまった時には、神様に快気をお願いしましょう。作法は基本的に「心願成就の作法」（135ジペー参照）と同じです。

①半紙

・半紙に、病気の人の住所、氏名、生年月日、干支、年齢《かぞえ》を書いてください。パートナー（夫もし

くは妻）の氏名、生年月日、干支、年齢も書きます。
・半紙三枚で階段を作り、神様に見ていただくように置きます。
・三日間神様の前に置いてください。
・四日目以降は、別の半紙に包んで大事な場所にしまっておいてください。

②線香

・沖縄の線香を使います。初日は、十二本（六本を二つ）、三本（三本を一つ）、九本（三本を三つ）、七本（二本を二つ、三本を一つ）、十七本（三本を五つ、二本を一つ）を、平らな面（表）を自分に向けて、香炉に立てます。
・二日目から八日目までは、十二本、三本、九本を供えます。
・九日目は、初日と同じく、十二本、三本、九本、七本、十七本を供えます。
・十日目以降は、十二本、三本を供えます。
・線香に火をつけるのに、灯明の火を使ってはいけません。別にろうそくを用意して火をつけましょう。十二本と三本は一緒に火をつけます。

③快気を願う言葉でお祈りを捧げます

前掲の「心願成就の作法」に則って神様に願いをお伝えし、お祈りを捧げます。そして、病が快方に向かいましたら神様にお礼をします。

【亡くなった親に病をあの世へ持っていってもらう】

親が亡くなった際、あなたの病を一緒にあの世へ持っていってもらうことで、病禍から逃れられる方法があります。

まず、半紙にあなたの名前、生年月日、病名を書き、亡くなった親のお棺の中に入れます。「お母さん（お父さん）、私の病気を持っていってください」と声をかけます。半紙をお棺の中に入れることで、あなたの病をあの世に持っていってもらうのです。親がまだ生きている時に頼んでおくのもよいでしょう。

この方法を試み、片頭痛や神経痛など長年の病が翌日から良くなった人がいます。

【龍神様の力による遠隔治療】

霊能者の中には、直接会わずに遠隔地の病人を治療することができる方がいます。人の身体に触らずにガンを小さくしたり、痛みや腫れをとったりします。ただ、遠隔治療では、素晴らしく快方に向かう人と、何も変わらない人と効果は様々です。

私は何人かの遠隔治療ができる霊能者にお会いしました。ほとんどの方が、龍神様のお力をお借りして治療をしていました。治療を受ける方の身体に龍神様に入っていただき治療を行う方、手術の際、龍神様にお医者様の手を動かしてもらう方などがいます。

私も、観山湖月先生に遠隔治療をしていただいた経験がございます。喘息の発作のため呼吸が非常に苦しい状態でした。遠隔治療で、観山先生はみるみる小さくなって遠くから私の喉の中に入ってこられました。一生懸命、私の痰を切ろうとなさいます。私はそれを感じて、申し訳ない気持ちでおりました。でも、観山先生の尽力のおかげで、夜にはすっかり喘息の発作が治まってしまったのです。

遠隔治療のやり方は人それぞれです。ただし、どのようなやり方であっても共通して言えるのは、治療を受ける方に深い信仰心があると素晴らしい効果があるということです。

私のお弟子さんの中にも、霊的な遠隔治療を実践し、多くの人を快方に導いている方がいます。その一人、奈月彩子さんの話と、天女様の力を借りて同様に遠隔治療を経験した金森啓子さんの話を紹介します。

龍神様との出会いが私を遠隔治療に導いた～奈月彩子

龍神様との出会い

初めて観月先生とお会いしたのは、今から二十年程前のことです。観月先生には、お参りの仕方をはじめ、「この神社ではこういうことをお願いするといいね」「氏神様は大切にしないといけない」など、様々なことを教えていただき、私は神社仏閣に行くのが大好きになっていました。

そんなある日の早朝、誰もいない氏神様にお参りに行くと、仙人のようなおじいさんが本殿の前に現れ、「よう参られた」とおっしゃるのです。半信半疑の私は、次の日の早朝も氏神様にお参りに行ってみると、今度は仙人のようなおじいさんの他に、巫女さんたちも現れ、私を出迎えてくれたのです。

それからの私は不思議なことを感じたり、見えたりするようになっていき、自分でもどうしてよいか分からない日々を過ごしていました。するとある時から、私の周りに龍神様を感じるようになったのです。その龍神様は青い龍神様で、私を見守るように側にいてくださいます。

そこで私は、観月先生にご相談しました。先生は「開いたんだね。最初が大切。まず、どちらの神様のお導きで、そのようなお力をいただいたのかを知る必要があるよ」と教えてくださいました。浄霊をしていただくと、私にお力を授けてくださった神様は、長野の戸隠神社や富山の雄山神社のご祭神「天手力雄神《あめのたぢからおのかみ》」であることが分かりました。私の前世が立山信仰をしていた行者で、そのご縁で天手力雄神の眷属神の龍神様を私に授けてくださった、というのです。

後日、初めて雄山神社にお参りさせていただきました。本殿の中にある屏風に描かれている龍神様の絵が、私についてくださっている青い龍神様そのものだったのです。

手を合わせて「雄山神社の龍神様だったのですね」と言うと、「お主は苦労した。信心も深い。ゆえにお主に力を与えるぞ。龍神を遣わせよう」と力強い男性の声が聞こえたのです。ありがたくて涙が止まりませんでした。

このことを観月先生に伝えると、「龍神様はどんどん変化されますよ。これからは龍神祝詞もあげていくといいね」と教えてくださり、毎朝、神棚に龍神祝詞もあげるようになりました。祝詞をあげると、私についてくださっている龍神様は、うわーと上に上がっていかれたり、私の周りをグルグル回られたりして、とても喜んでおられるのが分かります。目を閉じて瞑想していると、頭の上から私の中に入ってこられて一体化するようなこともあり、龍神様とお話ができるようになりました。

それからしばらく経った頃、娘から泣いて電話がありました。子供がジャングルジムから転落し動けなくなり、翌日病院で検査をするけれど、もしかすると脊髄を損傷しているかもしれないと言うのです。

私は、孫を助けたい一心で龍神様にお願いすると、龍神様は私の中に入られました。私は一瞬で孫の身体の中に入り、傷ついた脊髄の神経を修復しました。無我夢中で、どのようにしたのかは覚えていません。

翌日検査すると脊髄には何の損傷もなく、前日は全く動けなかった孫が何事もなかったかのように歩けるようになっていたのです。

私はこのことを観月先生に話しました。すると「あなたなら、龍神様のお力をお借りして人の病気やケガを治すことができる。龍神祝詞にもあるけれど、龍神様は病をたちどころに祓い清め給う力があるのよ、まずは家族で練習して、いずれは他の人を助けるようになりなさい」と言われたのです。

障がいのある孫やガンの夫が……

実は、私には障がいを持った孫がおります。娘が妊娠中、観月先生から「もしかしたらお腹の子供は足が悪く、なかなか歩けないかもしれない」と言われ心配していたのですが、先生のおっしゃった通り下半身に障がいを持って生まれました。病院の先生からは自分で歩くことは難しいと宣告され、家族で心を痛めていました。

私は、早速、龍神様にお願いして、孫への治療を遠隔で開始しました。治療の際は神棚で手を合わせ龍神祝詞を唱えます。すると龍神様は私の身体に入り、指先まで一体となり、孫の切断された神経を一本一本つないでいかれます。途方もない作業です。途中から薬師如来様も現れ、患部にお薬を塗ってくださるようにもなり、神様仏様に助けていただきながら毎日治療をしました。

すると、徐々に孫は、歩けるようになったのです。現在でも、下半身に少し障がいは残っていますが、元気に歩いて学校に通っています。夏休みなどに集中して龍神様に治療していただいたところ、最近、孫は習字や絵を習いたいと言い出したのです。絵の教室に行かせてみたところ、初めて描いた絵が虹のかかった龍神様でした。

一方、定期検査で主人の肝臓に五つの小さなガンが見つかりました。紹介された大学病院に行く前、龍神様に主人の身体に入っていただきました。三日間かけて、一つずつガンを取っていただきました。ガンには芯がありなかなか取れなかったのですが、計九日間、同じ作業を繰り返していただきました。やっと龍神様から「もう大丈夫ぞ」との言葉をいただきました。その後、大学病院で検査を受けると、先生に「不思議だけれど、なぜかガンが全部なくなっている」と言われたのです。

遠隔治療の道が開く

徐々に自信がついてきた私は、もしかして家族以外の人の治療も遠隔でできるかもしれないと思い、観月先生に相談してみました。先生は「あなたなら大丈夫。神様のお力をいただき、家族以外の方の治療を始めるといいわよ」と勧められました。

それからは先生の紹介の方のみ、遠隔で治療をさせていただいています。

観月先生は、病気を治すためには「神様のお力」「神様に委ねる気持ち」そして「医療」、この三つが揃うことが必要なのだと、かねてからおっしゃっています。三つが揃ってこそ、龍神様に奇跡を起こしていただけるのです。

これからも観月先生に教えていただいたことを胸に、神様仏様に感謝し、謙虚な気持ちを忘れず日々精進してまいります。そして皆様の中からも、遠隔治療ができる方が出てこられるでしょう。自分の力ではないこと、神様のお力をお貸しいただいていることを決して忘れてはなりません。

うすむらさきさんの力を借りて天女様と交信～金森啓子

龍神様のガン治療

私の父は二〇二二年三月に百歳を迎えました。

父は九十五歳の時、胃ガンと診断されました。十二指腸にも転移していました。大きな真ん丸の腫瘍が巨峰のようにボコボコとたくさんある映像を病院で見せられ、私は深い絶望感に襲われながら、父を車に乗せて家へ帰りました。

父は手術したくないと言いました。神様に「父のお腹を切らずに治してください」とお願いしましたら、「それはダメだ」と即答されてしまいました。しかし、その後「切っても助けるぞ」とのお声を聞きました。

観月先生にもご相談したところ、龍神様のお力で治療してくださる奈月先生を紹介していただき、遠隔治療を受けました。奈月先生の施術後、病院で検査を受けたところ、「十二指腸への転移はありません」とのことでした。

父の主治医はF先生。薬剤師として病院に勤める息子が、「F先生は腹腔鏡の手術を初めて日本に導入した医師だ。日本一の手術を受けられる。これ以上の幸甚はない」と言います。観月先生は「F先生と父は合局※32だ」とおっしゃるので、手術は成功する、父は元気になると確信しました。

神様のお力をお借りして、手術前に腫瘍をできるだけ少なくし、父は手術に臨みました。術後に切除した胃を見せてもらったところ、巨峰のようないくつもの腫瘍はなくなり、小さな腫瘍が四つだけになっていたのです。

翌朝、「見せてもらった」というお声を聞きました。龍神様です。龍神様はテーブルの上にドサッと肉の塊のようなものを置かれました。龍神様が切り取ってくださった腫瘍です。「おかげで、手術による負担を最小限に抑えることができました」と感謝申し上げました。百歳となった父は今も食欲旺盛で、お酒も少したしなみ、毎日元気に過ごしております。龍神様、そして観月先生、奈月先生には感謝の気持ちでいっぱいです。

天女様の献身

新型コロナウイルス感染症の拡大が続く二〇二一年二月頃、仕事から帰宅した息子は、とても具合が悪そうでした。熱を測ると三十八度近く。薬を飲み、温かくして寝たところ、翌々日には熱は下がり、仕事へ行けるようになりました。

ところが数日後に再び、三十九度以上の熱が出てしまいました。抗体検査もＰＣＲ検査も陰性。薬を飲んで汗をかくといったんは熱が下がりますが、すぐに三十九度以上に上がるという状態の繰り返しでした。「これはおかしい」。迷わず観月先生へお電話しました。「この子の命、取られませんよね」とうかがったところ、先生は「新型コロナ感染ではないわね。大丈夫だから、あともう少し」と言ってくださいました。

電話を切って少ししたら、息子の内臓が見えたのです。茹で上がったように白くなり、湯気が立っています。頭に浮かんだのは、私の天女様である「うすむらさきさん」です。私はうすむらさきさんに「息子の内臓の熱を切ってください」と念じました。すると、ササッと内臓の熱を切るうすむらさきさんと、切ったものを包んで天に持っていく二人の若い天女様が見えました。

その時です。息子が壁につかまりながら部屋から出てきて、「熱が下がってきている」と不思議そうに言ったのです。私はもうこれで熱は上がらないと確信しました。夜には、息子はパソコンの前に座り、ゲームをやるほどに回復しました。

後日、息子は胃腸炎だったと分かりました。思い返すと、あの時の茹で上がったような内臓は、確かに胃と腸でした。

※32　かずたま占術で相性が良いこと。

【病人快気お願いのグイス】

グイスとは、沖縄で神様を拝む時に唱える祝詞です。

「ハイサリ　アートゥートゥー　ウートゥートゥ　サリ　トゥートゥ　デービル」

これは病気が快方に向かうことをお祈りするグイスです。唱えた後に、次のようにお願いしてください。なお、記載しているのはあくまでも例です。生年月日や干支、お住まいなどはご自身のものを当てはめてください。

気高く、気品があり、多大なお力をお持ちになりませせる、
天の十二支の神様、地の十二支の神様、三神様ご尊敬しております。
神々様、薬師如来様、ご先祖様におつなぎくださいませ。
日々、お守りくださって真心よりお礼申し上げます。

金銀、プラチナより輝かしい今日の日は、
旧暦〇〇〇〇年〇月〇日　〇年、
新暦〇〇〇〇年〇月〇日　〇年でございます。

私の父は、日本太郎と申します。
私の主人は、その長男で日本次郎と申します。巳年生まれ、六十九歳です。
私は、そのむすび妻で花子と申します。戌年生まれ、六十四歳です。

日本家ご先祖様ご供養申し上げます。
主人、日本次郎が、東京都◯◯区××町◯丁目◯番地◯号
◯×病院◯号室で病気療養中でございます。
身体の調子を良くしてくださいますように、
世のため、人のために、働かせてくださいませ。
立派で気品があり、多大なお力のある、
土地神様、氏神様、守護神様、守護霊様、ご先祖様、
病気が良くなりますように、
また、主人の願い事が叶うようにその素晴らしいお力をくださいませ。
日本家のご先祖様、（妻の旧姓）のご先祖様、和合をとってくださいませ。
自分の子孫繁栄をさせてくださって、お守りくださいませ。

私、日本花子がご先祖様のご供養のお手伝いをさせていただきますので、
なにとぞ、お願いお聞き届けくださいませ。

沖縄の小道

第十章　金運を呼び込む

今も昔も、洋の東西を問わず、あってもなくても問題になるのが「お金」です。皆様の中にも、お金に関する悩みを抱えている方は多いと思います。神様のお力をお借りしてみましょう。

【お金は心掛け次第】

お金持ちの人の生活には、ささやかな極意がひそんでいます。一端を紹介します。

お金持ちの人は、自分の財産をいかに減らさないようにするかを考え、クレジットカードは使いません。一方、お金がない人は、人から借りて増やそうとします。だから借金から逃れられなくなるのです。

「金が入る、金が入る」とふれまわると、逆に儲けられる取引が次々先に延び、取引の金額が減ってしまいます。

ちょっとしたヒント――仕事の打ち合わせの時、うなぎを食べてはなりません。仕事の感が鈍ります。うなぎは、お金が入った後のお祝いにいただきましょう。

家の中には自分にとって大切なものだけを置きます。季節に合わせて飾るものを変えることは、金運を招きます。

ものがたくさんある家は、一見お金持ちに見えます。しかし、お金の出入りが激しい家です。お金の出入りが激しい家には次の特徴があるので、このようなことがないよう気をつけましょう。

・トイレを出る時に、便器の蓋を閉めない
・冷蔵庫の扉にいろいろなものを貼る
・台所に財布を置く
・神棚が西向きになっている
・住んでいる人の数より多くの靴が玄関に置いてある

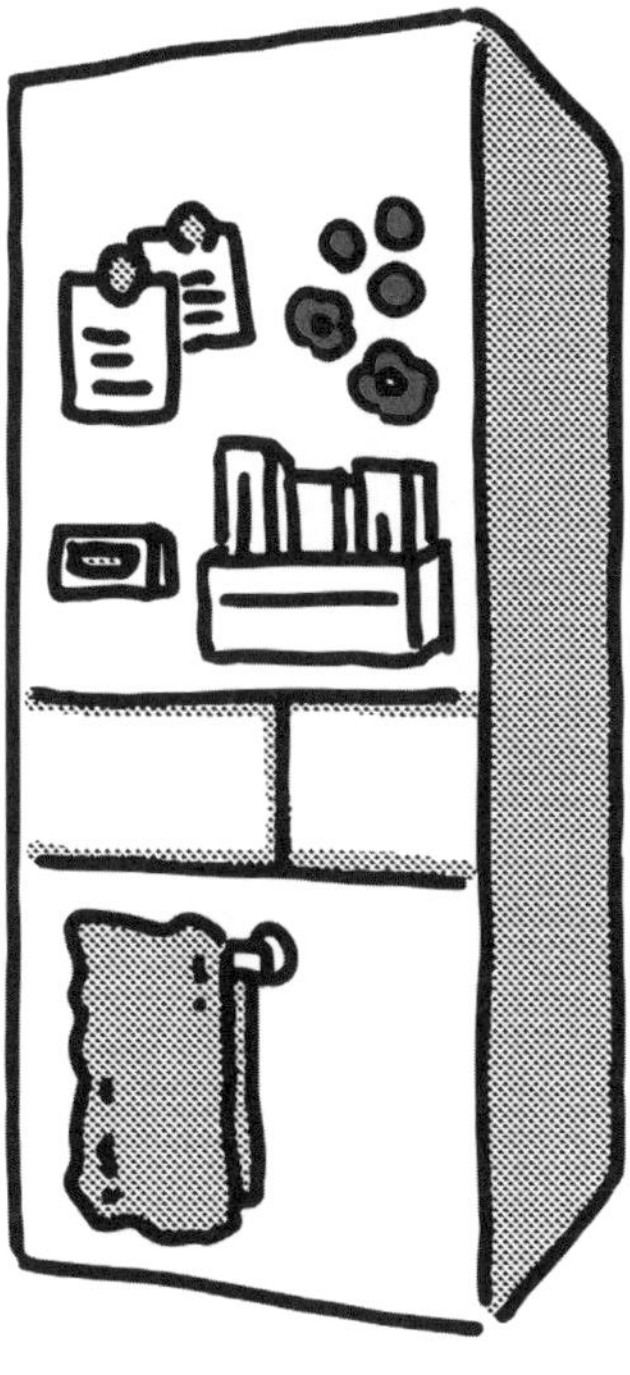

【金運を呼ぶ財布】

四、五十年前のこと、ある霊能者の先生から「財布はクロコダイルの緑色の札入れを使うとよい」と教えていただきました。

お金持ちの人は、クロコダイルの黒い財布を使っていることが多いのですが、本当のお金持ちになりたいなら、黒ではなく深い緑色のクロコダイルを勧めます。

なぜなら、お札は植物を原材料とする紙に印刷されています。従って、植物の色である深い緑色のクロコダイルの財布とお金は相性が良いのです。

お札と小銭を一緒にしてはなりません。札入れと小銭入れに分けます。小銭はいわば、お金のカスです。財布の中にレシートを入れるのも金運を逃します。

私は、クロコダイルの緑色の財布が欲しくて仕方なかったのですが、なかなか手に入れることができませんでした。するとある時、私のところへ相談に来た方の中に、素晴らしいクロコダイルの財布を作る職人さんがいたのです。お願いして、クロコダイルの緑色の財布を作っていただきました。それから私はお金に不自由しなくなりました。

今、緑色の財布が流行っています。少し値が張っても本物のクロコダイルをお勧めしています。

また、財布の「おろし方」には作法があります。

まず「かずたま占術」で金運の良い日を確認し、その日から使い始めるようにします。使い始める前まで、財布にお札を三十枚入れ、神棚かタンスの上に置いておきます。三十枚のお札は一万円札でも千円札でも構いません。三十枚入れて金運の良い日まで寝かせておくのです。

すると、あら不思議、この財布を使っていると、お金を使っても使った分だけお金が自然と戻ってくるのです。

秘儀中の秘儀をお教えしましょう。神社でお参りをした後、鳥居を出る手前、ご本殿に向かって右側に笹が生えていれば、針のような新芽を一ついただくのです。新芽をきれいに広げて財布に入れ、お札に触れさせておくと金運が上がります。

なお、笹の新芽は神様から分けていただくのですから、取りすぎてはいけません。必要最小限にします。

【色柄と景気との関係】

かねてから市松模様が流行ると不景気になるといわれています。一年遅れで二〇二一年に開催された東京オリンピック・パラリンピックの公式エンブレムや大ヒットした映画の『鬼滅の刃』の衣装。いずれも市松模様が特徴でした。しかし、その後、新型コロナウイルスの感染拡大で世界中が不景気になったのはご承知の通りです。

では、どんな柄だと景気が良くなるのでしょうか。美しいパステル調の色の花柄が流行ると景気は上向きになります。ペイズリーも金運が良くなるといわれる柄です。

また、約三十年前のバブル期にはショッキングピンクが流行りました。今は着ている人などほとんどおりませんが、あのような色が流行った時には景気が良く、皆が浮かれている様子でした。流行の色柄と景気は、少なからずリンクしているのではないでしょうか。

なお、後述しますが、人にはそれぞれ保護色があります。金運にも影響しますから、是非、参考にしてください（172ジペー参照）。

【一万円を一億円にする巳酉丑参り】

幸運を招く吉方の方位取りに、ある特定の日時に特定の方向に移動して運気を呼び込む奇門《きもん》遁甲《とんこう》があります。その中で、金運を呼び込むお参りが、「巳酉丑参り」です。巳酉丑参りをすると、一万円が一億円になるといわれています。巳酉丑参りは、次のようなものです。金運を招き入れたい方は是非お試しください。

・「巳」のお参り

「巳」とは蛇のこと。弁財天様のお使いが巳様ですので、弁財天様にお参りに行きます。弁財天様は日本中にいらっしゃいますが、五大弁財天として知られているのが、金華山（宮城県石巻市）、江の島（神奈川県藤沢市）、天河（奈良県天川村）、竹生島（滋賀県長浜市）、宮島（広島県廿日市市）に祀られている弁財天様です。

大切なことはお参りをする日時です。巳の月（五月）、巳の日※33、巳の刻（午前十時の前後一時間）にお参りします。

・「酉」のお参り

酉の神様は、全国の鷲《おおとり》神社に祀られています。

酉のお参りでも大切なのは、お参りをする日時です。酉の月（九月）、酉の日、酉の刻（午後六時の前後一時間）にお参りします。

・「丑」のお参り

丑の神様は、菅原道真公をお祀りする天満宮や全国の北野神社におられます。丑の月（一月）、丑の日、丑の刻（午前二時の前後一時間）にお参りします。

※33　12日に一度巡ってくる。

この巳酉丑参りを三年間続けます。

三年間続けると、なぜか翌年、一粒万倍《いちりゅうまんばい》の効果が現れてまいります。突然、住まいが立ち退きとなり一億円近いお金が一度に入ってくる、自分の持っていた株がとんでもなく高騰する、持っていた土地の評価が急激に上がる、経営する会社の業績が急改善するなど、不思議なことが起きます。真心を込めて一粒万倍のお参りをしましょう。

普段は神様にお参りせず、お金のためだけにこのお参りをしていると、好ましくないことでお金が入ってきますのでお気をつけください。例えば、身内が交通事故にあって、莫大な保険金が入ってくるなど……。

入ってきたお金を強欲に独り占めにすると、なぜか数年で消えてなくなります。入ってきたお金は、一割ほどを施しに使いましょう。この場合、身内以外の人への施しが重要です。神社仏閣や養護施設などに寄付されるのもよいでしょう。

お金が入って幸せになったら、落ち着いてからお礼参りをしてください。近くの神社で構いません。巳酉丑参りの祈願の成功のお礼をし、その神社にご寄進をしてください。

【一粒万倍のお参りの作法】

一粒万倍のご利益がある巳酉丑参りの作法は次の通りです。

①用意するもの

・布の袋を用意し、袋に「一粒万倍」という文字と自分の名前を書きます。中に一万円札を入れます。
・お供え物は、榊、米、塩、水、お供え用の酒、奉納用の酒（一升瓶または五合瓶を一対）、バナナ七本、みかん五個、リンゴ三個、海のもの（昆布や海苔などの海藻）、土のもの※34（人参、カブ、大根など）、山のもの※35（ナス、小松菜など）を全部で五種類。
・巳のお参り（弁財天様）のみ卵七個をお供えする。酒は奉納用とお供え用の二種類を用意する。

②お参りの仕方

・神様に向かって二礼二拍手一礼をする。
・「ハイサリ　アートゥートゥー　ウートゥートゥ　サリ　トゥートゥ　デービル。気高く気品があり、多大なお力をお持ちになりませる〇〇神社の神々様。本日はお参りに参りました。一粒万倍のお願いでございます」とご挨拶をする。
・天津祝詞を述べる。

たかまがはらに　かむづまります　かむろぎ　かむろみの　みこともちて
すめみおやかむいざなぎのみこと

※34　土の中に育っているもの。
※35　土より上になっているもの。

つくしの　ひうがの　たちばなの
おどの　あわぎはらに　みそぎはらいたまうときになりませる
はらいどのおおかみたち
もろもろのまがごと　つみけがれを
はらいたまえ　きよめたまえと　もうすことのよしを
あまつかみ　くにつかみ　やおよろずのかみがみさまともに
あまのふちこまのみみふりたて　きこしめせと
かしこみ　かしこみも　もうす

・お願い事をする。
「一粒万倍のお参りに来ております。ここにおります、そのお願いに参りました者たちは○○です（それぞれの住所、名前、干支も言う）。どうぞこの者たちの願いをお聞き届けくださいませ。不足ではございますが、塩、酒、米、海のもの、山のもの、根のものをお供え申し上げました。清くお受け取りくださいませ」
・再び二礼二拍手一礼をする。
・巳のお参りの弁財天様には卵七個も用意し、「お使えの巳様のために卵もお供えしました。清くお受け取りくださいませ」と申し上げます。

・終わりましたら、米、酒、塩、水はその場で撒いてください。その他のお供え物は皆で分けてお下がりをいただきましょう。
・一粒万倍袋は自分の手元に戻します。普段は自宅の神棚などに置いておきます。次の一粒万倍のお参りの時に、神殿の前に置きます。

私は四十年程前、巳酉丑参りをしました。

三年間のお参りが終わり、四年目に入った時、持っていた土地の値段が四倍に上がり、仕事も順調に進み、三千万円近い利益を上げることができました。そのお金で、念願の小さな宿を建てることになったのでした。

また、一緒に巳酉丑参りをしていた友人は、家の立ち退き料として八千万円のお金が一度に入ってきました。ところが、さらに増やそうとギャンブルにつぎ込んだ結果、三年でわずか五十万円になってしまいました。欲をかいてはいけません。

一方、私が相談にのっていた方が新たに事業を始めることになりました。「売り上げはひと月に百万円がいい？　それとも一千万円がいい？」と聞くと、その方は「もちろん一千万円です」と答えました。

「では一生懸命仕事をしながら、神様にお力をいただきなさい」と言い、一粒万倍の作法を伝授しました。

その方は、神様を大切にし、人に親切にし、そして仕事に励みました。すると、三年目で年商一億円に、九年目の現在は年商三億円の会社となったのです。

【命の数と仕事】

かずたま占術の命の数によって、その人に向いている仕事があります。概ね次の通りですので、参考にしてみてください。もっと詳しく知りたい場合は、是非、かずたま占術による鑑定を受けることをお勧めします。きっと就職活動のお役に立つでしょう。

・命の数1　クリエーター、プランナー
・命の数2　コツコツ働く職人、一つのことを極めるタイプの仕事
・命の数3　アナウンサーなど話す仕事
・命の数4　IT関係の仕事
・命の数5　どのような仕事でも大丈夫
・命の数6　経営者、公務員など
・命の数7　金融、食べることに関する仕事

・命の数8　起業家、不動産関係の仕事
・命の数9　研究者、教師など人に教える仕事

宮城県・鹽竈神社に鎮座するお牛様。開運・商売繁盛を招く「撫で牛」として知られている。

第十一章　運気が上がる暮らしのヒント

神社やご先祖様にお参りしたり、神棚を祀ったりすることはとても大切です。しかし、日々しっかりと実践するのはなかなか難しいものです。

そのような方は、日々の暮らしの中で神様にご挨拶をする習慣を取り入れるよう心掛けましょう。朝起きた時や寝る前、食事をいただく時など感謝の気持ちを忘れずに過ごすことが大切です。この他様々な幸運を招く暮らしのヒントを紹介します。

【一日を元気に過ごす太陽行】

そもそもは雨の日も風の日も千日間、日の出前に起床して、太陽に手を合わせ「万分の一のお力をください」と唱える修行です。

しかし、千日間続けるのは大変です。私が、警視庁に勤めていた霊能者に教えていただいたのは次のようなものです。

「これは三百六十五日、日の出前に太陽が見える場所に行き、日が昇ってピカッと光る瞬間に、『太陽、活力、元気』と三回繰り返して自分の名前を名乗り、『万分の一のお力をください』と唱えるものです。私は、これによって名刺を見ただけで、その方の身体の悪いところが分かるようになりました」

ここまでしなくても、嫌なこと、悲しいこと、苦しいことがあった時、「太陽、活力、元気」と三回繰り返して自分の名前を唱えることを教えていただきました。本当に効果てきめんです。気分が晴れ、元気が出るのでやってみてください。

【食前食後の感謝の言葉】

食事は神様がくださった恵みをいただくものです。食前、食後に感謝の言葉を唱えましょう。

・食前感謝

静座※36をして、「たなつもの百の木草もあまてらす　日のおおかみの恵みえてこそ。弥栄《いやさか》、弥栄、

※36　心を落ち着けて静かに座ること。

弥栄へ、いただきます」と唱えます。

・**食後感謝**

端座※37して、「朝よひにものくふごとに豊受の神の恵みを思へ世の人。ご馳走さま」と唱えます。

【保護色を取り入れる】

私が最初に師事した霊能者で、IQ600！ともいわれる津島秀彦先生は次のようにおっしゃいました。

「自然界の生物と色には、科学がどんなに進歩しても、絶対に変えることができない不文律があります。例えば、植物のグリーン、鳥の色、人間の皮膚の色、動物の模様、さらには結婚式の花嫁の白無垢、葬式の黒い喪服……。どうしてその色に定まったのか、ちゃんと意味があるのです」

そして、人間にも保護色というものがあり、各人の性格、脳波によって保護色は違うというのです。人には色の好き嫌いがありますが、それとは別に自分に合った色、保護色があるというわけです。

何をやってもうまくいかない時、嫌なことが重なる時は、なぜかタンスの中は黒い服ばかりではありませんか。黒い服を着ているのは、未亡人、お坊さん、修行者。私も落ち込んだ時には黒い服ばかり着てきました。

でも、運命を切り開くには、自分の保護色を見つけることが大切です。保護色はおおまかに分けると、三原色の「赤」「青」「黄」となります。

「赤」は動物の血の色です。エネルギーを高める色です。気分が落ち込んだ時、赤を身に着けるとパワーがわいてきます。

「青」は地球の色、宇宙の色です。植物の色でもあります。人は青色を見ると、大変落ちつきます。

「黄」は光の色です。神様の色でもあります。

黒でも、シャネルのブランドマークのように金色を取り入れることで王者の色に変わります。虎や女王蜂がまさにそうです。

私のケースを紹介します。私の保護色は寒色系の藤色だと、津島先生に教えていただきました。私がこの保護色を着るようになって一番霊的に変わったことは、予知夢が増えたことです。人のオーラも見えるようになりました。

私は保護色以外に、色をコントロールするようにしています。天気が悪い時には、赤系統、浮かれ気味の時には青系統、と。体調が悪く、呼吸をするのもつらい中、仕事をしなければならない時には、気を上げるため真っ赤な服を着ておりました。そのまま病院に行ったら、肺炎を見逃され、誤診されたこともありました。病気の時に赤い服を着て診察を受けると、色のパワーにごまかされ、

※37 姿勢を正して座ること。

正しい診断が下されないことがあるので気をつけましょう。

【ご利益あり！　守護石（ラッキーストーン）】

洋の東西を問わず、宝石には様々なパワーが秘められていると信じられています。そのパワーを活かすためには、身に着ける人に合っているかどうかを知る必要があります。ある人にとっては幸運の石（ラッキーストーン）なのに、他の人にとっては悲運の石ということもあるのです。

かずたま占術で導き出される「命の数」に適合した守護石を確認してください。お金に余裕があるのなら、是非、買って身に着けてください。あなたに幸運を呼び込む守護石として活躍してくれるはずです。

次の表は、かずたま占術で導き出される命の数の守護石などをまとめたものです。命の数ごとに守護石と、運気や金運など目的別のラッキーストーンがあります。組み合わせて身に着けるとよいでしょう。

命の数	守護石	運気を高める石	金運を高める石	良い出会いをもたらす石	避けたい石
1	アクアマリン（意味：幸福と不老）	サファイア、トルマリン、ゼオライト	ルビー、アメジスト、琥珀、モリオン	ヒスイ、アパタイト、カルセドニー	特になし
2	サファイア（意味：知恵と慈愛）	ルビー、アメジスト、琥珀、モリオン	エメラルド、ジルコン、水晶、ブラッドストーン	アクアマリン、トルコ石	オパール、クリソライト、ベリル
3	ルビー（意味：情熱と若さ）	エメラルド、ジルコン、水晶、ブラッドストーン	アレキサンドライト、カーネリアン	サファイア、トルマリン、ゼオライト	アクアマリン、トルコ石
4	エメラルド（意味：交流と出会い）	アレキサンドライト、カーネリアン	ダイヤモンド、オニキス、トパーズ、クリソベリル	特になし	ルビー、アメジスト、琥珀、モリオン
5	アレキサンドライト（意味：尊厳と威厳）	ダイヤモンド、オニキス、トパーズ、クリソベリル	パール、メノウ、ヒヤシンス	エメラルド、ジルコン、水晶、ブラッドストーン	特になし
6	ダイヤモンド（意味：名誉と支配力）	特になし	オパール、クリソライト、ベリル	アレキサンドライト、カーネリアン	パール、メノウ、ヒヤシンス
7	パール（意味：優雅で高貴）	オパール、クリソライト、ベリル	特になし	ダイヤモンド、オニキス、トパーズ、クリソベリル	ヒスイ、アパタイト、カルセドニー
8	オパール（意味：夢と改革）	ヒスイ、アパタイト、カルセドニー	アクアマリン、トルコ石	パール、メノウ、ヒヤシンス	サファイア、トルマリン、ゼオライト
9	ヒスイ（意味：神聖と理知性）	アクアマリン、トルコ石	サファイア、トルマリン、ゼオライト	オパール、クリソライト、ベリル	特になし

【注意したい植物霊】

木々には精霊が宿っています。自宅の庭や周辺の草木や花について、精霊の特性を知っておくことで幸運を呼び込んだり、災いを防いだりすることができるのです。

私の家の庭に棘のある木が生えていました。その枝が横に伸びていたので、枝切りばさみを持って「あなたの枝が横の道のほうに伸びると危ないから、切ってしまうわよ」と言葉をかけました。すると「また伸びるからいいですよ」と、木の精霊の声が頭の中で聞こえてきたのです。「伸びるなら邪魔にならないよう上のほうに伸びてね」と声をかけておきました。

数カ月後、枝は道のほうに向かわず、ちゃんと上のほうへ伸びてくれていたのです。さらにその

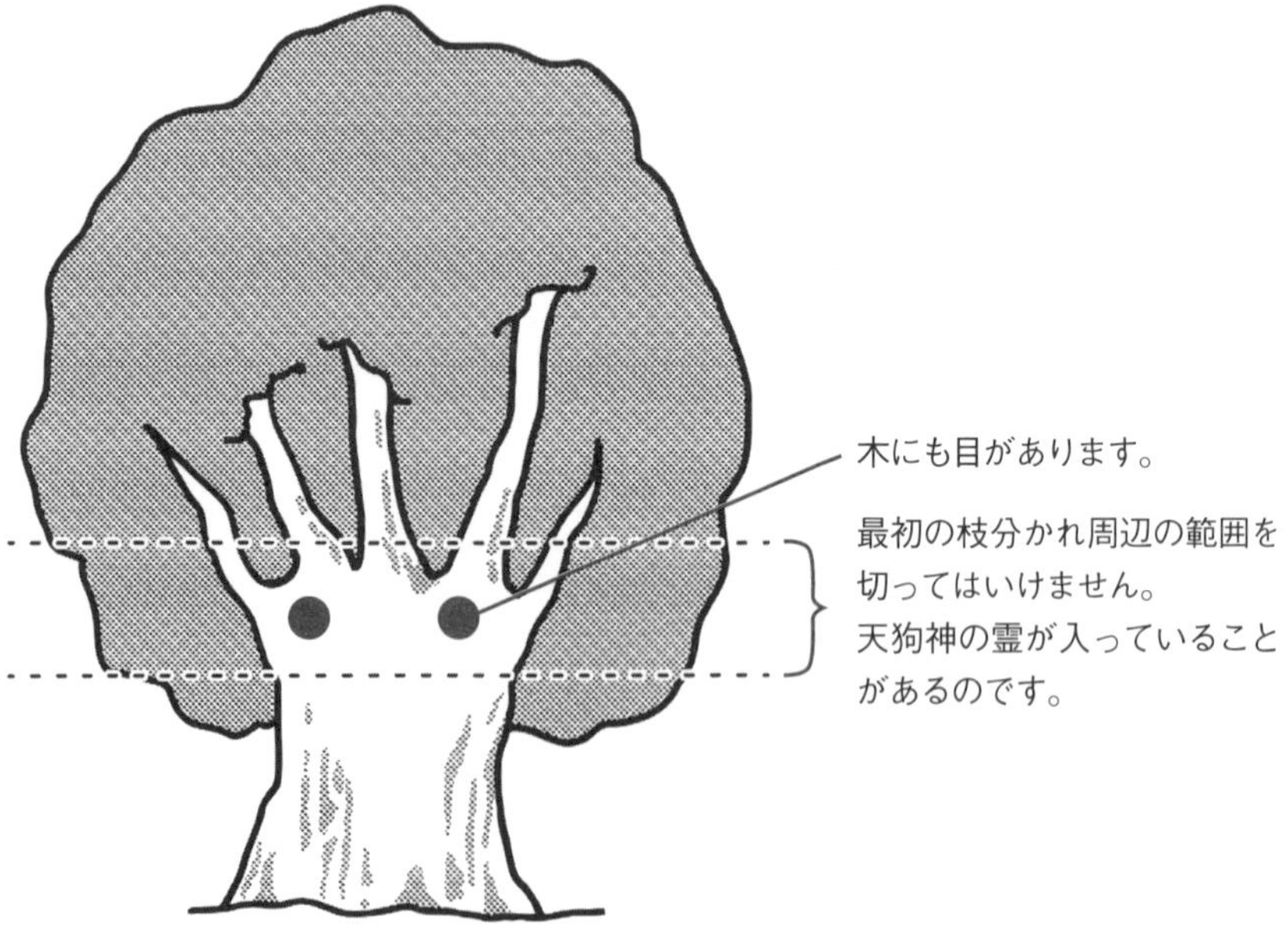
木にも目があります。
最初の枝分かれ周辺の範囲を切ってはいけません。
天狗神の霊が入っていることがあるのです。

年の暮れ、植えて十年目にして初めて赤い実をつけてくれました。植物に話しかけると、ちゃんと答えが返ってくることがあるのです。

木を切る際に、注意をしなければならないことがあります。木が最初に枝分かれしているところには、木の「目」があるのです。その辺りには天狗神※38の霊が宿っていることがあるので、切ってはなりません（176ジペー参照）。

主だった樹木の精霊などの特徴を解説します。果実のなる木は総じて、人の身体に良い影響を与え、人を助ける作用があります。三十年以上たった木を切る時には、感謝を込め、酒を撒いてから切りましょう。

・松

外から見て家の門の左側に植えると良いです。寿命を延ばしてくれる木です。右側ですと、家の中でゴタゴタが起きやすくなります。結婚ができなかったり、離婚して戻ってきたりします。

・竹

日本列島は龍の形をしており、中心の滋賀県・琵琶湖には竹生島があります。そこから竹が広がっ

※38　深い山に住み不思議な力を発揮する神様。

たといわれます。竹は、松や梅とともに神様に近い植物なのです。厄除けの効果があります。笹も同類です。民家で植えるのであれば門の外に笹を植えるのも良いでしょう。

・梅

庭に植えると、その家に病人が出やすくなります。一方、落雷を免れることがあるともいわれます。

・一位《いちい》

アララギともいいます。雑霊《ざつれい》※39が入りにくい木です。葉は、糖尿病治療、鎮痛、強心剤に用いられます。かつては神社の手水舎の柄杓に使われていました。

・無花果《いちじく》

夫婦仲が悪くなる木と考えられています。庭に植えると夫や妻を失いやすいです。蛇の霊が非常に嫌う一方、昆虫の霊が好みます。喘息を引き寄せるのでなるべく畑に植えるのが良いです。茎のネバネバは、いぼや便秘に効きます。

・銀杏《いちょう》

銀杏の木の下で昼寝をすると「死を誘う」とされています。切り倒す場合、霊障を受けることがあります。銀杏《ぎんなん》の実をオイル漬けにして食べると、喘息に効果があるといわれています。

・柿

柿の木から落ちてケガをすると、一生治らないという迷信があります。しかし、柿はもともと高貴な木であり、遺体を柿の薪で焼くと、人間の霊は高天原に無条件で上がれるとの約束が神様と交わされていました。迷っている霊は高天原に上がりたいため柿の木に憑依しているので、落ちると命が奪われたりするとなったのでしょう。柿の実には利尿効果があります。

・樫《かし》

迷霊を呼びやすい。垣根や防風に用いるとお金が出ていってしまいます。神社などお金に関係ないところに植えるのは構いません。

・柏

松と同じく、寿命を延ばしてくれます。若葉は柏餅に使います。

・花梨《かりん》

家が栄え、金運を呼びます。切る時にはお祓いをします。蜂霊※40が集まりやすいので、家から離れた場所、庭ならなるべく家屋から遠い場所に植えましょう。

・楠《くすのき》

楠の霊は、人類に忠誠を誓っています。その成分は樟脳《しょうのう》として虫除けなどに使用しますが、人除けにも効果があります。命が危うい時にカンフル注射として使われたともいわれています。家の内

※39 有用でない霊。
※40 蜂はスピリチュアルなメッセージを伝えやすいといわれている。

に禍を招くので、家の敷地内に植えてはなりません。

・桜

桜の霊は、人間霊や動物霊の依頼通りに行動を共にします。霊は、特に若木に宿るとされています。切ってはいけない木です。

・榊《さかき》

字形は、木偏に神。神道と深く関わり、正しい神につなぐという意味があります。家が栄えます。なお、神棚にもお供えする榊ですが、国内産の流通量は少ないのが現状です。中でも八丈島産は一級品として評価されます。

・山椒《さんしょう》

山椒の霊は、女性の身体にだけ入ります。動物霊と組むと淫乱になるとされます。

・檜《ひのき》

眠りを誘い、意識をやわらげる作用があります。

・桃

庭の丑寅の方角へ三本植えると「魔を祓う」「災をすべて除く」といわれています。

・柳

眠りから目をさまさせ、意識を覚醒させる作用があります。檜と逆の作用です。人を守る木なので、切ってはいけません。柳の下には幽霊が出るなどと長くいわれてきましたが、江戸時代の言い伝えです。

【花の霊】

「チューリップ」は、別名「天使のゆりかご」。子供が最初に描く花といわれます。家の中に飾ると、幸運が訪れます。「バラ」は、バラだけを飾るのではなく、他の花も交ぜて生けましょう。バラだけですと、揉め事が起きる可能性が高まります。お葬式では使いません。「牡丹」「百合」「蘭」「カトレア」は、運気を上げ、幸運を呼ぶ花です。

「水仙」「フリージア」「ひまわり」のように、花の下の茎が長い植物も幸運を招きます。

【観葉植物～多肉系は避ける】

観葉植物は日々の暮らしに安らぎを与えてくれます。しかし、その中には、室内に置くと良くないとされるものがあります。その代表格がサボテンの類です。サボテンは、人の生気を吸い取ってしまうと考えられており、病人のいる部屋に置くと、病人はどんどん弱っていき、逆にサボテンはよく育っていくことがあるのです。

ゴムやアロエなど葉が肉厚の植物についても室内に置くのはあまり好ましくないとされています。

つまり、棘が多い植物や多肉系といわれる植物は室内に置くことを避けるのが無難です。

また、観葉植物に限らず、室内に置く植物で運気が悪いとされるのが、病気になったものや、鉢が合わなくなるなどして元気のない鉢物を置くことです。当然、枯れた植物をそのままにしていてはいけません。命あるものは大切に管理して「吉」です。

最後に

心霊能の世界に携わって四十年余。この間、私には忘れることのできない霊能者や神学者の先達との出会いがありました。

四次元の世界について教えてくださった津島秀彦先生。死んだ動物を一瞬生き返らせたり、ピンク色のＵＦＯの写真を見せてくださったりしました。人の運命を変える保護色についても教えてくださいました。

「茨城の仙人」と呼ばれた観山湖月先生。観山先生には、現世に影響を与える前世の見方、遠隔治療の方法、霊障の取り除き方、心霊との交信方法など多くの知見を教授いただきました。

神学者でもあった金井南龍先生には、延命神楽や「一粒万倍」のお祈りの方法を教えていただきました。

名古屋の星野幸子先生には、不浄を取り除く土地のお清めの方法、死者を慰める方法を伝授いただきました。

古神道の数霊占術の原理を教えていただいたのは田上晃彩先生です。弟子である山本珠基先生にも指導いただきました。

熱田神宮の宮司であった小林美元先生とは、田上先生のもとで数霊占術の講義を受けました。小林先生からは神事について多くを教授いただくことができました。

書家でもある安藤妍雪先生からは、二十三万年前に作られた日本古来の文字である「神代文字」について学ぶことができました。日本の天皇家に伝わる菊のご紋章の意味、神社のご神体の古代文字など日本人の心ともいうべき大切な事柄についても教えていただきました。神への祈りの方法、亡くなった人とつながる方法などを伝授してくださったのは、沖縄のユタ※41の先生です。

多くの先生方から特別に授かった秘儀が、今の私の財産となっております。

すべての先生方の教えに共通しているのは「高額なお金を取る者は二流」「脅かしてカウンセリングする者は三流」ということです。

本書では、多くの先達から私が受け継いだ霊能に関する不思議な効力と、それを自分のものにするために、生活の中で実践すべきことを分かりやすく解説しました。どうか、少しずつでもご自身の生活の中に「霊活」を取り入れ、

※41　霊媒師。あの世と現世の間に立ち、メッセージを伝える。

神々のお力を感じてください。そのようなことの蓄積を通じて、ご自身の御霊が磨かれ、隠れていた霊能が徐々に顕在化します。さらに研ぎ澄ますことで、霊能者への道が開けるのです。つまり、人は誰しも霊能者になる可能性を秘めているのです。本書が、一助となれば私にとってこの上ない喜びです。

昨今、神様から私に発せられるメッセージがあります。

「人間は戦い、殺し合っている。人間同士が人殺しを続けるのなら、神が人を減らそう。災害とウイルスで……」。世界はその通りになっています。

神様は人間同士の殺し合いがとてもお嫌いです。今、人類は試されている時なのです。国家間や民族間の争い事が終わると世界中が和合する、そのような時代が間違いなくやってまいります。日本は、世界を構成する一角を占めており、和合の時代を創る役割があることを忘れてはなりません。

なぜなら、日本は神様にそのような役割を担わされた国だからです。

世紀の天才物理学者、アルバート・アインシュタイン博士が大正十一年に来日した際、日本の風物に触れて残した手紙がありますので、紹介します（提供・籠《この》神社　海部光彦宮司）。

近代の日本の発達ほど世界を驚かせたものはない。驚異的な発展には、他の国と異なる何かがなくてはならない。

それはこの国の三千年の歴史であった。一系の天皇をいただいていることが、今日の日本をあらせしめたのである。

私はこのような尊い国が世界に一カ所くらいなくてはならないと考えていた。

世界の未来は進むだけ進み、その間、幾度か争いは繰り返されて最後の戦いに疲れる時がやってくる。

その時、人類はまことの平和を求めて世界的な盟主をいただかなくてはならない。その世界の盟主になるものは、武力や金力があるものではなく、あらゆる国の歴史を遥かに越え、最も古くまた尊い家柄でなくてはならぬ。

世界の文化はアジアに始まってアジアに帰る。アジアの高峰日本に立ち戻らなくてはならない。

我々は神に感謝する。我々に日本という尊い国を造っておいてくれたことを。

この手紙を読み、私が改めて感じるのは、私たちは自信と誇りをもって世界的な苦難を乗り越えるお手伝いをしなくてはならないということです。
最後までお読みくださりありがとうございました。皆様が、日々の霊活でご自身の御霊を磨き続け、神様が〝寄り道〟してお力を授けてくださり、その結果として幸運に導かれますよう願っております。

四百四十二年ぶりの皆既月食と惑星食を愛でつつ

観月　明希

巻末資料

【知っておきたい四つの祝詞】

祝詞は、地域や神社により若干の違いがあります。ここでは著者が日常的に唱える祝詞として紹介します。

◎天津祝詞《あまつのりと》

高天原に　神留まり坐す　神魯岐　神魯美の　命以て（たかまがはらに　かむづまります　かむろぎ　かむろみの　みこともちて）

皇御祖神伊弉諾尊（すめみおやかむいざなぎのみこと）

筑紫の　日向の　橘の（つくしの　ひうがの　たちばなの）

小戸の　阿波岐原に　御禊祓ひ給ふ時に生座る（おどの　あわぎはらに　みそぎはらいたまうときになりませる）

祓戸の大神等（はらいどのおおかみたち）

諸々の禍事　罪穢れを（もろもろのまがごと　つみけがれを）

祓ひ給へ　浄め賜へと　申す事の由を（はらいたまえ　きよめたまえと　もうすことのよしを）

天津神　國津神　八百萬の神々様共に（あまつかみ　くにつかみ　やおよろずのかみがみさまともに）
天の斑駒の耳振り立て　聞食せと（あまのふちこまのみみふりたて　きこしめせと）
畏み　畏みも　白す（かしこみ　かしこみも　もうす）
※この祝詞の大まかな意味は、ご不浄をとってください、素晴らしいお力をいただきたいという内容です。

◎龍神祝詞《りゅうじんのりと》

高天原に坐し坐して（たかまがはらにましまして）
天と地に御働きを現し給う龍王は（てんとちにみはたらきをあらわしたまうりゅうおうは）
大宇宙根元の（だいうちゅうこんげんの）
御祖の御使いにして（みおやのみつかいにして）
一切を産み一切を育て（いっさいをうみいっさいをそだて）
萬物を御支配あらせ給う（よろずのものをごしはいあらせたまう）
王神なれば（おうじんなれば）
一二三四五六七八九十の（ひふみよいむなやことの）
十種の御寶を（とくさのみたからを）
己がすがたと変じ給いて（おのがすがたとへんじたまいて）
自在自由に（じざいじゆうに）

天界地界人界を治め給う（てんかいちかいじんかいをおさめたまう）
龍王神なるを（りゅうおうじんなるを）
尊み敬いて（とうとみうやまいて）
眞の六根一筋に（まことのむねひとすじに）
御仕え申すことの由を（みつかえもうすことのよしを）
受け引き給いて（うけひきたまいて）
愚かなる心の数々を（おろかなるこころのかずかずを）
戒め給いて（いましめたまいて）
一切衆生の罪穢れの衣を（いっさいしゅじょうのつみけがれのころもを）
脱ぎさらしめ給いて（ぬぎさらしめたまいて）
萬物の病災をも（よろずのもののやまいわざわいをも）
立所に祓い清め給い（たちどころにはらいきよめたまい）
萬世界も御親のもとに治めせしめ給へと（よろずせかいもみおやのもとにおさめせしめたまえと）
祈願奉ることの由をきこしめして（こいねがいたてまつることのよしをきこしめして）
六根の内に念じ申す（むねのうちにねんじもうす）
大願を成就なさしめ給へと（だいがんをじょうじゅなさしめたまへと）

恐み恐み白す（かしこみかしこみもうす）

※この祝詞は、仕事探し、家探し、といった願い事に対し、神様に代わって龍神様に動いていただく時に唱えます。

◎稲荷祝詞《いなりのりと》

掛巻も恐き 稲荷大神の（かけまくもかしこき　いなりのおおがみの）
大前に恐み恐みも白く（おおまえにかしこみかしこみももうさく）
朝に夕に　勤み務る（あしたにゆうべに　いそしみつとむる）
家の産業を（いえのなりわいを）
緩事無く怠事無く（ゆるぶことなくおこたることなく）
弥奨めに奨め賜ひ（いやすすめにすすめたまい）
弥助に助け賜ひて（いやたすけにたすけたまいて）
家門高く令吹興賜ひ（いえかどたかくふきおこさしめたまい）
堅磐に常磐に命長く（かきわにときわにいのちながく）
子孫の八十連属に至るまで（うみのこのやそつづきにいたるまで）
茂し八桑枝の如く令立槃賜ひ（いかしやぐわえのごとくたちさかえしめたまい）
家にも身にも枉神の（いえにもみにもまがかみの）

枉事不令有　過犯す事の（まがことあらしめず　あやまちおかすことの）
有むをば神直日大直日に（あらむをばかむなおひおおなひに）
見直し聞直し坐て（みなおしききなおしまして）
夜の守日の守に守幸へ賜へと（よのまもりひのまもりにまもりさきわえたまえと）
恐み恐みも白す（かしこみかしこみももうす）

※この祝詞は、五穀豊穣や商売繁盛を願う時に唱えます。

◎月読命祝詞《つきよみのみことのりと》

掛巻も畏き　月弓尊は　上絃の（かけまくもかしこき　つきゆみのみことは　じょうげんの）
大虚を　主給ふ　月夜見尊は（おおぞらを　つかさどりたまう　つきよみのみことは）
圓満の中天を照給ふ　月讀尊は（えんまんのちゅうてんをてらしたまう　つきよみのみことは）
下絃の虚空を　知食す　三神三天を（げげんのそらを　しろしめす　さんじんさんてんを）
知食と　申す事の由を　聞食て（しろしめせと　もうすことのよしを　きこしめして）
祈願　圓満　感應　成就　無上　霊宝　神道　加持（きがん　えんまん　かんのう　じょうじゅ
むじょう　れいほう　しんどう　かじ）

※この祝詞は、身体を整えてもらう時に唱えます。

【参考図書】

・古神道入門—神ながらの伝統（小林美元著、評言社、１９９８年）
・不思議と神秘の使者—ソロンの予言書Ⅱ（ソロン アサミ著、自由宗教一神会出版部、２０１７年）
・四次元への挑戦（津島秀彦著、大陸書房、１９７４年）
・スべての命は元ひとつ（安藤妍雪著、今日の話題社、２０１０年）
・生命の不可思議—人間再生の実験記（安谷白雲編著、太平庵、１９６６年）
・前生を知って幸福をつかむ—成功を得るための前生大法則（観山湖月著、アクア出版、１９９２年）
・神道いろは—神社とまつりの基礎知識（神社本庁教学研究所監修、神社新報社、２００４年）
・八百万の神々—日本の神霊たちのプロフィール（戸部民夫著、新紀元社、１９９７年）
・縮刷版 神道事典（國學院大學日本文化研究所編、１９９９年）

【観月明希 プロフィール】

神霊かずたま占術家。

一九四四年東京都生まれ。

二十五歳の時に計算事務所を開設した後、実業家の道に入る。絵画商、宝石・貴金属の製造販売、ブティック経営など様々な事業を展開する。一九九一年には、静岡県伊東市川奈に「お宿うえはら」を開業する。

一九七〇年代後半より、観山湖月先生ら崇高な神霊能力者より先導を授かる。

かずたま占術（数霊占術）での高名な神学者・金井南龍先生らに占術を学ぶ。

一九九三年、神霊能とかずたま占術の相談所を、東京の阿佐ヶ谷に開設する。「かずたま教室」を杉並で開講。

現在、東京の中野サンプラザでかずたま占術と見えない世界について講義を続けている。また、国内外での神霊能とかずたま占術による個人・法人を対象としたカウンセリング、スピリチュアル・マスター育成活動などを精力的に展開している。

二〇〇八年、悩める人たちの憩いの場として「清寮 花うさぎ」を、伊豆・川奈の「お宿うえはら」の隣に開いた。週末、ここで浄霊を行っている。

神様が「寄り道」してくれる人は
みんな幸せ
驚くほど幸運が舞い込む

観月式

実践!

霊活術

2023年1月19日　第1刷発行

著　者　観月 明希
装　幀　森田 佳子
イラスト　合同会社樞
本文デザイン　小林 秀嗣
編集協力　山田 道子
発行人　高橋 勉
発行所　株式会社白秋社
〒102-0072
東京都千代田区飯田橋4-4-8 朝日ビル5階
電話 03-5357-1701
発売元　株式会社星雲社（共同出版社・流通責任出版社）
〒112-0005
東京都文京区水道1-3-30
電話 03-3868-3275 / FAX 03-3868-6588
印刷・製本　モリモト印刷株式会社

ISBN 978-4-434-31257-1